いちのすけのまくら

春風亭一之輔

朝日文庫

本書は二〇一八年一月、小社より刊行されたものです。

はじめに

どうも、春風亭一之輔です。

若手の落語家をやっています。普段は寄席や落語会で落語を話すのを生業としていますが、それ以外にもいろんなお仕事をさせて頂いています。

ラジオで喋ったり、たまにテレビでニヤニヤと居心地悪そうにしたり、もっともらしく講演なんかすることもあります。

洗濯とかゴミ出しなんかもよくやります。あと製氷器に水を足したり、お風呂の足拭きマットにからんだ髪の毛を取ったり、トースターの底に溜まったパンかすを掃除したり、冬場は窓の結露を拭きとったり……と日々多方面で頑張ってます。

またこのように文章を書くこともありましてですね。

私はいつも電車の中や喫茶店で執筆するのですが、ペンやキーボードでなくガラケーのメール機能でシコシコやっています。そのせいで先日、ガラケーを一台ダメにしてしまいました。操作盤のプラスチックが疲労で傷んだ結果、ガラケーのボタンがとれました。ガラケーにしてみたら「冥利に尽きる」とはこのことでしょうか。ただ、とれたボタンの行方がわからないままなのが気になるところです。「2」と「クリア」のボタンはどこ行っちゃったんだろか。

また恥ずかしながら、私は爪を噛む癖があるのですが、ガラケー片手に爪をカミカミしながら思案しているので、両手の深爪がドンドンひどくなる一方です。今では缶のプルタブも開けられず、小学生の息子に代わりに開けてもらうほどです。親の威厳はありませんが、深爪にしてみてもまた、「冥利に尽きる」ことでしょう。噛んだ爪の行方はよくわからないのですが、恐らく知らず知らずのうちに飲み込んでいるのでしょうか。衛生上かなりよくないので、そろそろこの癖は止めねばならないと思っています。親兄弟からは保育園のときから言われてるのですが。

さて、ここまでの無駄話がこの「はじめに」の『まくら』です。落語家が落語の本題に入る前のフリートークを『まくら』とよんでいます。「頭につく」から『まくら』。『まくら』ってたいがい本題に入りやすくするのがその役目なんですが、今回は見事にやりそこなった感じです。まぁ、いいか。

この本に収めたガラケーでしたためた100編の『まくら』は、実際に高座やラジオのフリートークで喋ってるものもけっこうあります。私のなかでは『文章』『高座』『ラジオ』は三位一体、その折々ちょこちょこ膨らませたり、縮めたりとチューンアップして皆さんに披露しています。

『まくら』は、連載時に考えたこと、その時思い出したことなどそのまま綴ってあるので、その辺の時系列などはあまり気にせず読んで頂ければありがたいです。

また今後、どこかで私がこれらの『まくら』を喋るのを耳にされるかもしれません。その時は「こいつ、同じネタ使い回してやがる」と思わずに、「ナイス・チューンアップ‼」と高座やラジオに向かって微笑んで頂ければ、『まくら』も「冥利に尽きる」ことでしょう。

まぁ、お気楽にテキトーなとこからパラパラめくって読んで頂ければ嬉しいです。飽きたら捨てちゃってもいいですが、また新たにもう一冊買ってくれないと即死する呪いを本にかけときましたのでお忘れなく。たくさんの人が、無事に、最後まで、ヘラヘラと、この『まくら』を読んで下さる。私にとってこれほど「冥利に尽きる」ことはありません。

それではまた、「おわりに」でお会いしましょう。

いけね。また爪嚙んじゃった。

目次

第三章　日常のまくら

第四章　はやってるのまくら

第五章　思ひ出のまくら

いちのすけのまくら

第一章　おしごとのまくら

線路

「堀之内」という落語がある。そそっかしい男が活躍する噺《はなし》だ。その中にこんなシーンがある。

主人公が粗忽《そこつ》を直すために願掛けしようと、堀之内のお祖師《そし》様に参る道すがら。

男「あれ？　こんなところに帯が落ちてる。……俺、帯欲しかったんだよな。誰も見てないな……よし、持ってっちゃおう！　（つかんで）重たいね……地べたから離れないよ！　何としてでも、これを、俺は、もらってい、く、ん、だ……ぬーっ!!　（持ち上げようとリキむ）」

ファーーッン!!（警笛）

「うわーーっ!!（あわてて飛び退《の》き）あ……、電車のレールだ」

これって粗忽？　帯とレールを間違えて拾って持って帰ろうとする……どう考えても、この男はヤバい。かかわりたくない。

そしてギャグとして飛び過ぎていて、思うようにウケない。警笛の音は分かりやすくするために私が加えたのだが、それでもボンヤリするお客さん多し。

でも、カットせずにこのくだりをやる。なぜやるのか。なんか好きだから。「なんか好き」としか言えないのだが。

ここで無粋なことをしてみたい。この男を遠巻きに見てる人たちはどういう反応をしているのだろうか？　ここから先はあくまでも私の妄想だ。

A「あれ？　工事の人かな？」

B「でもあの人、素手だよ」

A「『オビダ、オビダ』って言ってるな」

B「電車来てるし!!　はねられるよ！　教えてあげなよ！」

A「イヤだよ、気持ち悪い……」

B「間に合わないっ!!　あー（目をおおう）……助かった」

A「『れーるだ……』って駆け出していったぞ」

B「何だったんだろう、あの人……（帰宅して）ただいまー」

Bの妻「遅かったねぇ、お前さん」

B「実はかくかくしかじか」

妻「『オビダ』ってさ、イスラエルの空港の名前よ」

B「はぁ？　なんでそんなコト知ってるんだよ？」

妻「大学でユダヤ文学専攻だった。イスラエルへも何度か」

B「まじか⁉……でもなんであの人がイスラエルの空港の名を連呼しながらレールをわしづかみにするんだ？」

妻「レールダルじゃないの？」

B「ダル？……」
妻「知らないの⁉『レールダルメディカル社』。救命関連製品を開発している世界的な会社じゃないの！」
B「知らねーよっ！ つーか、何であの人が、その会社の名を叫びながら線路を？」
妻「JICA《ジャイカ》の人じゃない？ 国際協力機構。中東に行く予定だったのに、その便に間に合う京成スカイライナーに乗り遅れて、悔しくて線路に当たり散らしてたのよ!! 可哀想に……」
B「……そう、かな？」
妻「そうに違いないわよ!! ねぇ、お義父《とう》さん？」
義父「粗忽ゆえに帯とレールを間違えたんじゃないかのぅ」
妻「はぁ？ そんなそそっかしい人、いるわけないじゃないの！ それは粗忽とは言わないわよ！ 頭のおかしい人!!」
私も奥さんと同意見だ。そんな人はいない。実社会にはあり得ない人間が躍動する。それが落語だ。ちなみにイスラエルに渡航歴のある長屋のおかみさんも落語にはあり得ない。でも、あるかもしれない。それも落語だ。線路をつかめば、落語が見えてくる。

（2016年7月29日号）

自主規制

先日、NHKラジオの「真打ち競演」という公開収録番組に出た時、「竹の水仙」という落語をやった。

本番前にネタをさらっていると、噺のなかに「乞食」という単語が出てくるではないか。放送で「乞食」はマズいかな。プロデューサー氏におそるおそるお伺いをたてると「問題ないですよ〜」とのこと。文脈を見ても、差別意識からの使用ではないので大丈夫、だそうだ。言われてみればたしかにそうだ。でも人に聞く前に己で考えにゃな。

そもそも「放送禁止用語」なるものはこの世に存在せず、全て放送局側の自主規制なのだ……と大学の授業で習った。局が怒られたくないから勝手に遠慮してるだけ。「過剰な自主規制は表現の自由を自ら狭めている！　ダメ、ぜったい！」みたいなことを先生が言ってたっけ。

でも、基本的に落語家は揉《も》め事が嫌い（一部例外もあり）だし、「不快に感じる人がいるなら、わざわざ言うのはよそうよ」という考えの人が多い。「政治・宗教・野球の話題は意見が割れるし、洒落《しゃれ》にならないこともあるから避けろ」とも先輩から言われた。

また、障害のあるお客さんが来場すると、楽屋の黒板に「目の不自由なお客様がいらっしゃいます」などと書いて出演者に知らせる。それを見て噺家は演目を決める。盲人《もうじん》が登場する噺を避けるだけでなく、「〇〇に目がない」なんて言い回しを控えたり。気を使いすぎなんじゃないか、と思うくらい。

最近、「妊婦のお客様がいます」なんてお触れ書きが出るようになった。たしかに妊婦さんは、お爺さんの顔した赤ちゃんが生まれて、行灯《あんどん》の油をペロペロ舐める因果物《いんがもの》の怪談「もう半分」なんか聴きたくないだろう。「あそこのカカアは四季に孕《はら》んでやがる!」なんてフレーズも避けたほうがいい? 「町内の若い衆」もできないかな?

「小言幸兵衛」では、大家が長屋を借りに来た男に、

「3年も一緒にいて子供のできないような尻の冷えたかみさんなんか離縁しちまえ!」

なんて嫌なセリフを吐く。「不妊治療中のお客様がいます」なんて知らせはまだ楽屋に来ないけど、もし客席にいたら……と思うと、この噺はやる気になれないや。

落語好きな視覚障害者の方に、

「『景清《かげきよ》』や『心眼《しんがん》』を聴いたことないんですが、あまり寄席ではかからないんですか?」

と聞かれたこともある。「景清」は、盲人が願掛けをして目が見えるようになる噺。一方「心眼」は、願掛けするけどかなわない噺。どちらも寄席でも聴ける人情噺だ。おそらく客席にその方がいることが楽屋へ伝わって、みな控えてるのだろう。

「聴きたいんですけどねぇ」

そんな人もいるのだ。

寄席と噺家はなんだかんだ優しい。その優しさが私は好き。しかし、なんでもかんでもやめとこうはけっこうマズいと思う。

この文脈の「乞食」は人を傷つけるからダメ。この流れでの「めくら」はアリだろう。想像力を働かせて向き合わないといけない。自分で考え、その上で怒られたら素直に謝りましょう。

そうしないと戦時中の「はなし塚」みたいなことがまた起きちゃうかもしれない。そんな雰囲気あるし、噺家は読まなくていい空気読みがちだし。

（16年11月18日号）

トリ

噺家は「真打ち」に出世すると、寄席で「トリ」をとることができる。「主任」と書いて「トリ」と読ませる。その興行を任せられるわけだ。

4年前に真打ちになって、初めて寄席でトリをとったのが平成24年3月21日の上野鈴本演芸場・夜の部。真打ち披露興行の大初日だ。

舞台袖に私の師匠・一朝、当時の落語協会会長・柳家《やなぎやこ》小三治《さんじ》師匠、他たくさんの先輩が私の高座をご覧になっていて、とにかくやりづらかった。「先に打ち上げに行っててくれよ……」と思いながらの40分。あとで、

「お前の師匠が笑ってる横で、小三治師匠がムスッとしていたよ（笑）」

と、お節介な先輩が教えてくれた。弟子の噺を聴いて笑えるうちの師匠は、素敵な人だ。

その2週間後、4月3日。新宿末廣亭・夜の部。その日は「爆弾低気圧がくるので夜間の外出は控えるように！」との気象庁からの勧告。お爺さんの出演者が2人、「わしゃ、行かん！」と来なかった。

しかし客席はほぼ満員。こういう時はテンションが高い。暴風雨が末廣亭の屋根を叩きつけるなか「らくだ」。はねて表に出ると雨は止み、お月さんがポッカリ浮かんでいる。

「圓歌《えんか》師匠、木久扇《きくおう》師匠……綺麗な月夜ですよ」

心の中でそっとつぶやいた。

明くる年の秋、またまた末廣亭の夜のトリ。だらだらと10分ばかりマクラをしゃべって、さてそろそろ「あくび指南」でもと噺に入りかけたとたん、客席から「キャー」という悲鳴。ぐらぐらと末廣亭は揺れはじめた。

「落ち着いてー、大丈夫です」

大丈夫じゃないかもしれないなと思いながら、妙に落ち着いている自分。

「震度5弱だって‼」

客の一人が叫んだ。

「ありがとう！　揺れも収まったし、じゃ始めますか‼」

と言うと、

「私、帰るッ‼」

と、最前列のオバサンが飛び出していった。オバサン、私はあんたを忘れはしない。

今年の9月。終演後、楽屋口を出ると、お母さんと小学生の親子連れ。

子「CDにサインしてください！」

サインしていると、
母「初めて寄席に来たんです。主人が一之輔さんの大ファンで」

私「お父さん、今日はお仕事ですか？」

母「……実は数カ月前に病気で亡くなりまして、いつも病床で一之輔さんのCDを聴いてたんです。主人がそんなに好きだった落語家さんを一度生で聴きたいと思ってたんですが……なかなか心の踏ん切りがつかなくて……ようやく今日来れました」

映画だったら、このままお母さんと私は恋仲になり一緒になる。男の子に拒絶されるが次第に打ち解ける私たち。葛藤しつつも息子は落語家になり、真打ち昇進の報告に実父の墓前で泣きながら一席落語を話す……。

軽くそんな妄想をしたが……家族いるから、俺。

でも噺家冥利に尽きるなあ。

私「お父さんのお名前はなんと？」

親子3人のお名前を書き入れたCDを手渡し、「また来てねー」と手を振りましたとさ。

トリをとると、けっこうドラマが待っている。

（16年12月9日号）

【トリ】２０１６年紅白歌合戦、紅組のトリは石川さゆり、大トリは嵐が務めた。

解散

いつも独りで高座に上がってる噺家からしてみると「解散」って面倒くさいだろうなと思う。「離婚は結婚の何十倍も時間と労力を使う」と聞いたことがあるが、「解散」も同じだろうか。

噺家は独りだが、何人もの登場人物を演じる。お馴染みなところで、熊さん・八っつぁん・大家さん・横丁のご隠居さん・与太郎。のべつ顔を合わせる5人は、言わば落語の国の超人気ユニットだ。

ところが「もう解散しよう！」なんてことを誰かが言いだすと噺の幕開けで……。

大家「今日集まってもらったのは他でもない。実は……そろそろ我々もそれぞれの道を歩んだらどうかと思うんだ……」

熊「それって……解散？　何でよっ⁉　いーじゃん、このままで！　なぁ、八公？」

八「仕方ないんじゃないかな」

熊「何でだよっ⁉」

八「前から思ってたけど……キャラかぶってんだよっ！　俺とお前っ！　同じ職人だし。いろんな落語出てるけど、どっちがどっちだか分からないって言われるし‼」

熊「でも、俺、暮れは『芝浜』があるから……」

八「それも腹立つんだよ！　何でお前だけ人情噺の主役張ってんだよ！」

大家「まぁまぁ。私もご隠居さんと若干のキャラかぶりを気にしてるところでね……」
隠居「……あ、それでスタッフにあんなコト漏らしてたんだ」
大家「⁉ あんなコト！って？」
隠居「『どうせ隠居は先が長くないから、そのうち俺も大家のまま、ご意見番的なポジションを求められるようになって忙しくなるよ（笑）。まとまった金が入ったら豊洲にマンション買ってあげる』ってメイクさん口説いてたらしいじゃないかっ‼ 与太郎に聞いたんだよっ‼ なぁ？ 与太さん？」
与太郎「うん！ メイクさんが『これ絶対内緒の話なんですけどね』って教えてくれたの！」
大家「うるさいっ、馬鹿っ！ ろくに店賃《たなちん》も入れないくせに余計なコトをペラペラと！」
与太郎「あたいは別に解散でもいいよぅ。最近はコメンテーターの仕事も増えてきたし。率直な切り口のコメントが評判いいみたい」
八「何も考えてないだけだろ‼」
大家「それはそうと、ご隠居さん……糊屋の婆さんとの一件は片付いたんでしょうね？」
隠居「えっ（焦）……？」
八・熊・与太郎「なになにっ⁉」
大家「お前たち、知らないのか？ この人、20年前から糊屋の婆さんといい仲なんだよ！

妻子がある身でありながら!!」
八・熊・与太郎「まじか⁉ ゲスいなーっ!!」
隠居「実は……来週、記者会見……」
全員「は⁉」
隠居「写真、撮られました……実家に連れていったところを」
全員「アホかっ⁉　実家って!!　解散どころじゃないじゃんっ!!」
隠居「(泣)……とりあえず、皆さんにはご迷惑かけますっ!!(土下座)」

ということで、ラクゴスターズ(仮)は解散前に無期限活動休止になりました。充電期間にメンバーの人間関係が修復されるとよいのですが……。ファンのみんなが待ってます。早く帰ってきてね。

(16年12月30日号)

【解散】2016年8月、SMAPが年内での解散を発表。

モテ期

古典落語「宮戸川《みやとがわ》」に「女払《おんなはら》い棒」という棒が出てくる。架空のものだろうが、ネーミングのパンチが利きすぎている。田嶋陽子先生に聞かれたら問答無用で取り上げられて、膝でへし折られそうな棒だ。

「宮戸川」の中で半七というウブで奥手な若者に、伯父さんが説教をする。

「お前もいい若い者なんだから、たまには女の子でも連れてこいよ！　伯父さんの若い頃なんて、女が群がって表を歩けなかったんだ。『女払い棒』ってのを持って、女を追っ払って歩いたもんだっ！　ワッハッハッ‼」

と自慢話をして、半七に色事を勧める。松方弘樹から脂っけを半分抜いて、刀と釣り竿を取り上げたくらいのイメージ。

この「女払い棒」って一体どんな棒なんだ？　木製？　金属製？　万が一、群がる女子に命中した時のコトを考えると、金属はない。ケガすっぞ！

そもそもどこで売ってるのだろう。古道具屋か、昔でいう荒物屋とか。つるし？　いわゆる出来合い？　それとも誂え？　いわゆるオーダーメイド？

「モテ期」の絶頂なら、そこは見栄を張って一点モノにしたいところだ。刺々しいデザインは危ないので、滑らかな流線形で「女性を拒否しつつも、まんざらでもない感」を出したい。

かなりな勢いで振りたい（本当に当てるのではなく、あくまで様式美として）のでグリップは滑りにくくしよう。

色は季節感を出したいし、服とコーディネートもしたい。24色くらい取り揃えてほしい。

両手がふさがってしまうと、野暮《やぼ》ったく見えるのがよくない。片手で扱うのだから手元にストラップを付けよう。片手で颯爽《さっそう》と女を払ってるところを、左斜め45度から見てほしい。

「今日も払ってんな、一之輔！」

「あんなに追っ払うなら一人くらい分けてほしいやな！」

町人のやっかみの声が響き渡るはず。

どうせなら、何人払ったか計測できるカウンターを手元に付けてほしい。自分の生年月日・身長・体重、日付を入力すると、その日に払うべき女性の最適数が計算されて、その結果が月ごとにグラフ化されてプリントアウトされると嬉しい。冷蔵庫にマグネットで貼っておこう。

払っておきながら「あの子はもったいなかったなー」というコトが必ずあるはずだ。だから棒の先っぽにカメラを付けよう。払いながらも連写で女の子の顔を撮れて、後で画像をパソコンに落とせるようにしよう。

その画像を眺めながら、

「嫌いじゃないけど、あえて払ってやったのさ。ふふふ……」

と酒を飲みながら悦に入ろう。

「モテたら棒で女を払って歩く」は男の夢だ。ロマンだ。人生の勝ち組だ。でもこんなコト考えてる奴は、まずモテない。

「宮戸川」の伯父さんは、
「もっともその頃、伯父さんは焼き芋屋だったんだけどな」
とオチをつける。といえど、こんなにきれいに自分で落とせる男は、モテたに違いない。

とりあえずモテるために焼き芋屋になろう。でもたぶん、そういうコトじゃないんだろう。そんなコトはわかっているのだけども……。どうすりゃいいかわからない。

（17年1月27日号）

謝罪

今から13年前。某ホールの楽屋で、とある師匠に噺の稽古をお願いした。まだ身の丈に合わない大きなネタだったが、ぜひ覚えたかったのだ。怖いと評判の師匠に思いきって切り出した。

「何とぞお願いいたしますっ‼」

「『野ざらし』は前座にはまだ早いけどな。じゃあ、やるか？」

「あ、ありがとうございます‼」

「明日、開演前に楽屋で稽古するからな」

明くる日、誰よりも早く楽屋入りし、師匠を待ち構えた。

「よろしくお願いしますっ！」

「おう。じゃ、始めるか。テープに録っていいからな」

落語の稽古は、師匠が一対一で相対して一席通して話してくれる。たった一人のために一席やってくださる。大変にありがたいことだ。昔は録音機器がなかったので、ただひたすら聴いて覚えたらしい。今は録音を許されることが多い。13年前はまだカセットテープだった。

「ありがとうございましたっ！」

「覚えたら聴いてやるから。それから、これは小三治師匠の『野ざらし』のCD。参考になるから聴いてみろ」

お気遣いに私は平身低頭だ。

帰宅してすぐに録らせて頂いたカセットテープをMD（ミニディスク）にダビングしようと、ラジカセにセットした。当時はまだMDが重宝されていたのだ。

「そうだ。小三治師匠のCDもMDにダビングしよう」

とにかく私はラジカセに、［稽古して頂いたカセットテープ］と［小三治師匠のCD］と［カラのMD］をセット。

私は疲れていたのか……。30分後、どういうわけだか手元に［小三治師匠のカセットテープ］と［小三治師匠のCD］と［カラのMD］が残った。稽古テープの上に小三治師匠のCDを重ね録りしていた……。

「俺の間抜けめっ‼（泣）」

このまま知らぬ顔で小三治師匠のCDで覚えてしまおうか。いや、そんなことしてもアゲ（聴いてもらう）のときに絶対バレる。弱った。

しょうがない……。とにかく正直に謝ろう。ぶっ飛ばされるか、または師匠に話がいってクビになるかもしれないけど……。

明くる日。誰よりも早く楽屋入りし、入り口のドアの前でひざまずいて、稽古をつけて頂いた師匠を待った。他の演者が「どうした？」と聞いてくるが、わけも話さず、ただひざまずく。

　師匠が来た。

「誠に申し訳ありませんっ!!」

「なんだ!? どうした!?」

「昨日の稽古のテープ、誤って消してしまいましたっ！」

　人生初、土下座だ。

「……」

「本当に申し訳ありません!! もう一度お願いしますっ！（泣）」

　いま思えば図々しい。

「……馬鹿野郎。今日、高座でやってやるから袖《そで》で聴いとけ」

　私以上に周りの人がホッとしていた。正直に謝ってよかったと心底思った。

　さて、その「野ざらし」。せっかく教えて頂きアゲてもらったのだが、高座にかけることなく13年。そんなもんである。

　こないだ、舞台袖で録音したテープが出てきた。聞き直すと、師匠の「野ざらし」の後、停止ボタンを押す前に自分の安堵のため息が録音されていた。

　なんだか今年から「野ざらし」、やってみようかと思っている。


（16年2月26日号）

迷言

秋になると東京では毎年「目黒のさんま祭」が話題です。品川・目黒の両区で開催されていて、無料で振る舞われる秋刀魚の塩焼きに何千人もの行列が出来るそうな。えらいこっちゃ。

「目黒の秋刀魚」は言わずと知れた古典落語の名作。あらすじ、書いたほうがいいですかね？

〈目黒の百姓家で食べた秋刀魚に心奪われたお殿様。お城でも秋刀魚を食べることになり、家来は魚河岸から仕入れたての秋刀魚の脂と骨をわざわざ抜き、食べやすいようにして殿様に差し出す。ぐにゃぐにゃの不味い秋刀魚を食べて、殿様「この秋刀魚いずれより取り寄せた？」「日本橋の魚河岸より……」「それはいかん。秋刀魚は目黒にかぎる」〉

超有名な落語ですが、内容をご存じない方もいたのでは？　殿様の「秋刀魚は目黒にかぎる」という『迷言』がこの落語のオチです。このフレーズはなんとなく聞いたことはあっても、なにがどうなってこの『迷言』が飛び出したのかがわからなければオチになりません。ホントに目黒が秋刀魚の本場だと思ってる人、けっこういるんじゃないかなぁ。

大学の時、文芸学科のとある講義。テストで『落語のオチ』が題材にとりあげられたことがありました。〈この五つの中から落語の正しいオチを選びなさい〉という問題です。

例えば暮れの人情噺「芝浜」。あらすじは……まぁ各々調べてくださいな。

①「あら夢だったのね」

②「また夢になるといけない」

③「夢でもし逢えたら」

④「これ、夢でないかい？」

⑤「どうせ夢なんだろ……」

③はラッツ&スターだし。なぜ④は北海道訛《なま》りなのか。なぜ⑤は妙にすてばちなかんじなのか。謎です。正解は各々調べてくださいな。

「目黒の秋刀魚」は記述形式でした。

〈殿様が最後に言ったオチを（目黒）と（秋刀魚）という言葉を使って答えなさい〉

簡単じゃないか。落研部員だった私はそう思いましたが、周りは一般学生です。後日返却された答案を見せてもらいました。落語ってそんなに知られてないのね。身に染《し》みました。回答は面白かったけど。

A君「秋刀魚は目黒だよ」（惜しい。95点）

B君「目黒といえば秋刀魚だね」（逆だな。しかも殿様、フランクだなぁ）

Cさん「なぬ？　これは目黒でとってきた秋刀魚なのか？」（だから違うって。なぬって!?）

Dさん「秋刀魚うまし！　また目黒行きたし！」（行けよ！　殿様はオタクか⁉）
E君「目黒の秋刀魚はさほどおいしくないであろう？」（……そうなんです。本場の獲れたてのほうがおいしいはずなのに……ってそういう落語なんです）
F君「目黒の秋刀魚、秋刀魚、苦いかしょっぱいか」（もう違う人になってるし）
Gさん「大間はマグロ！　秋刀魚は目黒！」（語呂だけか！　まるでわかんないからとりあえず書いたかんじだね）

そもそも正解が殿様の『迷言』なんですが、それを上回る『迷迷言』。ま、ほとんど悪ふざけですが。

なかでもH君の「これで『目黒の秋刀魚』という落語を終わります！　起立っ！」が秀逸でした。殿様、学級委員かよ。

（15年10月9日号）

パクり

よく「芸は盗むもの」といいますが、盗むったっていきなり盗めるもんじゃないのです。

噺家は、演《や》りたいネタがあれば、まずお稽古に行かねばなりません。師匠にお願いして、目の前で一対一で喋ってもらい、それを覚えて、師匠に聴いて頂き、アゲてもらって（口演許可をもらい）、初めて高座にかけることができます。落語だけでなく、古典芸能はみな同じ手順。

正直とてもめんどくさいですが、こんな時代に筋が通っていて、ちょっとかっこいいんじゃないかなとも思います。

勝手に覚えてやったら、盗んだのと同じで見つかれば怒られます。「芸は盗むものじゃなかったの？」と思うかもしれませんが、噺の上っ面を安易に盗むんじゃなく、その人の芸の「息」や「中身」を盗めってことでしょうか。稽古をしてもらった時点で「盗む」資格を手に入れたみたいな感じかな。

噺はもちろん、落語の中に出てくる他人が考えたクスグリ（ギャグ）を勝手に使うのも御法度。「○○師匠のあのギャグ、ウケるからこっそり使おうか」……見つかったら「てめえ、人のクスグリをツカミコミやがってっ（怒）」となります。

噺家の符丁《ふちょう》で『パクる＝ツカミコミ』。漢字だと「摑み込み」。「パクる」よりはるかに『意識的にヤラカシタ感』が強い。逆に「パクる」のお手軽感たるや。ふわふわして、謝られたらすぐ許しちゃいそうです。

勝手に盗んだらいけませんが、ご当人に許可を得れば問題ありません。一升瓶や手土産を持参して「あのクスグリやらせて頂けませんか?」と頭を下げれば「そう? 悪いねぇ。ご自由にどうぞ」となることもあります。実に鷹揚《おうよう》な噺家社会。

ようは「ルーツをハッキリさせよう」ということ。そして「先人に敬意を払って落語に取り組みなさいよ」ということですね。

たまに落研の学生さんから「一之輔師匠の○○、CDで覚えてやらせてもらってます」と挨拶をされることがあります。これは嬉しい。くすぐったいけど光栄なことです。素人さんだし、趣味でやるぶんには、私としては問題なし。

自慢じゃないですが、私は大学落研人気が高いそうです。落研の大会があると私の噺を元に覚えている学生さんが多いらしい。ありがとう、みんな。きっと立派な大人になるよ。

「昨日今日始めた素人でも安易に笑いをとりやすい落語なんじゃないですかね?」とはある後輩の談。トゲがあるなぁ。余計なことを言って水さすな。

何年か前、某落語会で前座をつとめた落研さん。私ので覚えたと思われる噺をやっていました。途中まで一緒だったのですが、クスグリがちょっと違う。

彼が高座から下りてきて「やらせて頂いてます！」と丁寧に頭を下げました。「いえいえ、どういたしまして！　それより、ちょっと違ってるね？」「はい！　若干わかりづらいところを自分なりにアレンジしてみました！」「……へー……」。私はすぐに自販機でジンジャーエールを買って来て「これで、今のヤツ、僕にもやらして!!」と手渡しました。彼は少し戸惑いながらも「……はい！　全然問題ナイッス!!」と快諾。

〇大ＯＢのＹくん。ありがとう。お世話になってます。筋を通すとはこういうことさ。

（15年9月18日号）

【パクり】佐野研二郎氏による２０２０年東京五輪のエンブレムが、ベルギーの劇場のロゴマークと似ているとして大きな騒動に。

水増し

私は熱いお風呂に浸かりながら、冷たい水をドボドボ足すのが好き。熱いのとヒンヤリがまぜこぜになる直前、瀬戸際が凄く気持ちよいのです。そんな『水増し』は大好きですが、現実はとても厳しい。

落語界では毎年秋に「NHK新人演芸大賞」（現・NHK新人落語大賞）という若手噺家の登竜門的な大会があります。東西の若手が本選を目指す、世にも「過酷」な予選会が今年も近づいてきました。

「過酷」なのは噺家でなく、聴く立場のお客さん。有料のお客さんではありません。恐らく登録制の観覧希望者から選ばれた30名ほどの方々。大半が女性。ほぼおばさん。あまり落語に詳しいとは見受けられない、ごく普通のおばさん達。

朝から晩までNHKのスタジオのパイプ椅子に座り、若手の落語（持ち時間11分）をひっきりなしに聴きまくるのです。

ようは噺家は無観客では話しにくいだろう、という制作者側の気づかいですね。おばさん達はその気づかいを察してか、よく笑う。やたらと笑う。やみくもに笑う。たいして面白くなくても笑う。それどころか、何も言ってないのに笑う。

一度、お辞儀しただけで笑ったおばさんがいました。横の人に肘うちされて、すぐにおとなしくなりました。そう、このおばさん達の笑いの量は自己調節が可能なのです。

笑うだけでなく「感心」もします。おばさん特有の「えー」「へー」「やーだー」など、感嘆の声を随所にちりばめてきます。恐らく意識的に。よかれと思って。やつらはプロです。

……やりにくいっつーの!!　間が崩されて、ウケてるのにウケてる気がしない。審査員は別室にいますから、客席は大爆笑なのに敗れ去る人が続出。なんて不条理な空間なんでしょう。

しかし、一日に何十人もの落語を聴けばさすがに疲れます。休憩時、私はロビーでおばさん二人の会話を聴いてしまった。

「……疲れちゃった」「3時回ったとこだから、ここからが正念場よ」「落語の内容が頭に入ってこないのよ……」「最初から考えちゃダメよ。頭の中を無にして声を前に出す感じで笑うといいわよ。ここからは高い音を意識して笑うの。わかった？　ここまで来たんだから最後まで頑張ろう！」……なんだそりゃ？　スポ根？

休憩明け、出演者を一人また一人クリアしていくたびに笑いの量がどんどん『水増し』されていきます。おばさん達の息もぴったり合って、さながらママさんコーラスを鑑賞しているようで、どちらが演者なのかわからない様相。

一方、噺家は空回りし続ける者が続出。最後の出演者は間もメチャクチャ、セリフ噛みまくり、汗だくで顔面蒼白《がんめんそうはく》。なのに、会場は大爆笑。万雷の拍手の中、茫然自失《ぼうぜんじしつ》で高座を下りる噺家。おばさんの完全勝利です。舞台袖で見ていて血の気が引くような恐怖を覚えました……。

よく「噺家殺すにゃ刃物はいらぬ、あくび一つで即死する」といいますが、あくび以上に怖いのは意思のこもってないヒンヤリとした爆笑です。

陽気の変わり目、入浴中に足し水しながらうとうとして、風邪を引くことがあります。『水増し』し過ぎて背筋が凍ることもあるから、くれぐれも要注意。

(15年9月11日号)

【水増し】東芝の不正会計問題で、14年度までの7年間に利益水増し額が2248億円あったことを発表。

お年玉

です。新年あけましておめでとうございます。元日から働きづめの一之輔おります。噺家は「正月＝休み」ではないんだな。毎日寄席を飛び歩いております。喉痛い。

前座の頃、お正月はお年玉が本当に楽しみでした。お正月にご挨拶をした二つ目の兄さん、真打ちの師匠、色物の先生方（落語以外の芸人）からほぼもれなくお年玉を頂けるというのが落語界の慣習？　しきたり？　伝統？　……まぁ収入的に厳しい前座、特に新入りにはありがたいボーナスみたいなものです。

二つ目以上の噺家は暮れのうちにポチ袋に一枚一枚前座さんの名前を書き、ピン札を封入してお年玉支度します。それを正月の間は持ち歩き「あけましておめでとうございます！」と前座が近づいてくると、「はい、今年もよろしくね」と渡すのです。

両者の本心を明かせば……

「あっ！　あんた今年会うの初めてっ‼　やった‼　まだお年玉もらってないから、早くしてっ‼　今、持ち合わせないとか言ったらお茶淹《い》れないよ……つーか異物入れるよ‼　ほら、早く出しなよ‼」「げっ！　お前まだ会ってなかったっけ……しょうがねぇ、ほら、これで示談にしろや。着物畳む時、皺《しわ》なんかつけたらただじゃおかねぇからな‼　ほら、持ってけよっ‼」

こんなかんじ……いや、みんながみんなこんなんじゃないかな……。なかには「悪いなぁ……今、手元不如意《ふにょい》で……また今度な」と言い放つ先輩もいます。笑顔で「とんでもないです！　今年もよろしくお願いします！」と返す前座の腹の内は……

「元日から手元不如意ってどういう了見だよ！　次は身ぐるみ剝《は》いでやっかんな‼」これはまんざら外れてもないかな。身ぐるみ剝がないけど。それくらいの勢いってことです。

嬉しい不意打ちもあります。4月を過ぎた頃にある師匠に楽屋でお会いしました。「あんちゃん（噺家はよく若手をこう呼ぶ）、今年初めてだよな？」「え⁉　あ、はい⁉……今年もよろしくお願いいたします！（慌）」「支度しといたんだ。ほい、少ないけど……」財布にズーッと挟まっていたと思われるペチャンコのポチ袋。……なんか嬉しかったなぁ。額じゃないのね、気持ちなのね。

初めてのお正月。大師匠（先代柳朝《りゅうちょう》）の女将《おかみ》さんにご挨拶に行くと、大晦日から飲み続けの女将さんはべろんべろんで「うぁー、よーろしくぁー」とご機嫌。スウェットがずり落ち、お尻が半分出てました。

「飲みなぁー」と日本酒を勧められましたが、前座は飲めない（表向き）。「おいっ！

オレの酒が飲めねぇのかー!」。一人称が「オレ」の女性に初めて会いました。立て続けに3杯あおるとお互いにいい心持ち。

「で、では行って参りますー」と去るときに女将さんは「裸でごめんよ」と5千円札を私の胸ポケットにねじ込んできました。お札は裸、女将さんは半ケツ。

「ありがとうございますー」「あいよー、しっかりやんなー!」。団地に響き渡る大声で見送られ、意気揚々と寄席にむかいました。

その年に女将さんはお亡くなりになったので、頂いたお年玉はそれ一度きり。でもこれが一番記憶に残ってるお年玉かなぁ。あいにく5千円はその晩のうちに飲んでしまったけども……。

女将さん、ご馳走様でした。今年も正月から飲み続けです。


(15年1月16日号)

【お年玉】正月に神に捧げた餅を分け与えたのがお年玉の始まりとされる。年神様の魂が宿る餅を食べることで、一年の無病息災がかなうと考えられた。

最後の夜

この号が発売される頃にはすでに過去のことですが、この原稿を書いている今現在、私は寄席のトリをつとめています。

10月上席（1～10日）、新宿末廣亭の夜の部。「主任」と書いて「トリ」と読みます。ようは、その10日間興行の責任者っつうことですな。最後に高座に上がってお客さんを満足させて帰さねばならないわけです。

名誉なことだけど、大変よね。

やっぱりお客さんの入りは気になります。当たり前ですが、多いと嬉しい。でも、なかなか夜の部は難しいのです。最近は若い人も増えてきましたが、やはり寄席のお客の年齢層はちょっと高めなので、自由がきく昼の方が入りはいいみたいです。

他の寄席の裏番組も気になるところですね。寄席に通う人の数はだいたい決まってますからお客さんの獲り合いです。

私が新宿末廣亭の夜トリ。

裏はというと、池袋演芸場の夜トリが落語協会現会長、柳亭市馬《りゅうていいちば》師匠。上野鈴本演芸場の夜トリが前会長で人間国宝、柳家小三治師匠……顔付《かおつけ》を見た時、軽い衝撃。おい！待ってくれ、待ってくれっ!!　若手を潰す気か、落語協会っ⁉

私は上野鈴本から新宿末廣亭へ掛け持ちしてるのですが、上野は人間国宝を求めての超満員です。もう押すな押すなのフルハウス。ギッシギシ。

あれは10月5日のこと、私が上野の高座に上がるとね。いいですか。上野ですよ。一番前のおじさんが……。

「いちのすけっ！　待ってましたっ！　たっぷりっ！」、だって……。

……「嘘つけっ‼　だったら、新宿来いよ‼　俺、トリだし、たっぷりやるし‼」

……高座では言わなかったけどね……。思ったね。

楽屋を出ると、ロビーでおじさんがビール飲んでました。目が合いましたよ。そしたら、

「ごめんねー、新宿行けなくて。また今度ね！　許してね！」

片手合掌でかるーく謝られましたが許してませんからね。当たり前の日常には、至る所に殺意の種が落ちていますな。もう！　プンスカプンプン！

そんなこんなで、現在10月10日（金）、19時35分、上野鈴本を出て、電車で新宿末廣亭に向かっている最中です。今日が千秋楽、10日間の最後の夜。

「お客はどれくらいいるかなぁ？」と袖から客席を窺《うかが》うのも、「今日はなにやろうかな？」と楽屋のネタ帳を繰りながらネタを思案するのも最後かと思うと、ちょっと寂しい気もします。

「あと、10日やる？」と言われりゃ口では「いやぁ、ちょっと（苦笑）……」と返しま

すが、実はまんざらでもない感じ。
また、楽日の酒が美味いんだよなぁ。高座でウケても美味いし、ちょっと失敗しても
また美味い。とにかく美味いんだよう。
今、地下鉄の構内から表に出ましたよ。金曜日だから新宿三丁目はにぎやか。打ち上
げはどこにしようか……。
末廣亭の正面に立つと中からお客さんの笑い声が聞こえてきます。やろうと思ってる
ネタが前に出てなきゃいいんだけど、もし出てたらなにやろう？　それを考えるのも、
また楽しい。
そんなかんじで千秋楽も楽屋入りします。
では皆さん、寄席でお会いしましょう。
追記　あのおじさん、千秋楽は末廣亭の客席にいました……許す‼　（14年11月7日号）

45度

落語家は落語を口演する時、『上下《かみしも》』を切ります。複数の人物の演じ分けをするのに右を向いたり左を向いたりすることを上下を切ると言いますが、これがなかなか難しい。

私の通っていた小学校には「落語クラブ」なるものがありました。ま、要するに落研です。

マイナー志向の私は、その落語クラブに入りました。案の定、部員は少なかった。思えばそれが今につながっているのかもしれません。でもその時は落語なんて別に好きでもなかったなぁ。

顧問のA先生（42歳独身・女）も落語に全く興味なく、いい加減な指導方針。

「とりあえず、これ、覚えなさーい」

渡された藁半紙《わらばんし》には「寿限無《じゅげむ》」と書かれた落語の速記。

「じゃ、正座して喋りなさーい」

「どーやって喋るんですか？」

「前を向いて喋りなさーい」

「……こんちは、隠居さんいますか？　おや、八っつぁんかい、まぁまぁこっちぃお上がり……」

落語なら隠居さんと八っつぁんの演じ分けは上下を切るのですが、ずーっと真っ直ぐ前を向いたまま喋り続けました。

「……なんか分かりにくいわね……」

当たり前です。

次の日、A先生はどこで情報を仕入れて来たのか、

「皆さん（といっても4人だけ）、カミシモ切りましょう。カミシモの角度は45度ですよ！」

その日から「カミシモは45度」が合言葉になりました。A先生は、指導しやすい「カミシモは45度」にだけは異常に厳しいのです。

左右に45度首を向けないと、

「広い、60度よ、それじゃ！」

「30度！　ダメっ。45度よ!!」

「そーよ、それが45度！　身体で覚えなさいっ！」

算数で使う巨大な二等辺三角形の定規まで持ち出してきて、家庭科教師が落語を熱血指導。

数カ月後、我が落語クラブが『6年生を送る会』で落語を発表する機会を与えられました。

大勢の前で落語を披露できるのは、たった1人。部員全員（といっても4人だけ）は、緊張の面持ちで選抜発表を待ちました。

「代表して落語をやってもらうのは……池内さん、あなたよ！」

A先生はメンバーの中で一番落語にむいてないと思われる内気で声の小さな池内さんを指名しました。ただ池内さんは、精密機械のように45度の上下を切れる『マシーン・オブ・カミシモ』だったのです。

すでにカミシモ原理主義に毒されていた我々は、その人選に納得。池内さんも普段は見せない笑顔。落語を喋る時は笑顔を作れないのに……。

当日、池内さんは落語の最中に絶句して半べそをかき、切なそうに高座を下りてきました。

「泣かないの!! カミシモの角度はバッチリだったじゃないの！」

A先生はよく分からない慰めの言葉を掛けました。

後年私が落語家になった時、45度の上下の切り方は角度が大きすぎることに気づきました。

いや、今更どうということはありませんが、たまにそれを思い出してモヤーッとした気持ちになるのです。45度のせいで池内さんの人生があそこで変わったかもしれないな、とか。

考えすぎかな……。ちなみに池内さんは仮名です。今、何してるかな……。

（14年10月24日号）

社長

噺家が一般の方に酒席でよくされる質問とそれに対する回答。

Q「落語家さんてお給料あるんですか？」
A「ありません、完全歩合制です。働いたぶんだけお金を頂きます」
Q「お休みはどれくらいあるんですか？」
A「仕事のない日が休みです、どうかするとゴールデンウイークが年に何度もやってきます（笑）」
Q「笑ってる場合じゃないと思いますよ。事務所とかに所属してるんですか？」
A「東京の噺家の95％は個人事業主です」
Q「それでどうやって食べてるんですか？　やっていけるんですか？」
A「大きなお世話です……」
Q「年収はいくら？」
A「お前はいくらなんだよっ⁉」
Q「ずいぶん乱暴な口のきき方ですね？」
A「それは相手によりけりだよ！　ふざけんな、コノヤロー！」

酒がまわった噺家に立ち入ったことを聞くのはあまりおすすめしません。突如として牙を剝くことがありますから。

東京の噺家でマネジメントを誰かに頼んでるのはほんのひと握り（上方は吉本、松竹が多いらしい）。要するに一人一人が社長みたいなものです。社長、俺。経理、俺。社員、俺。有限会社俺みたいな。

ギャラの交渉もします。これがとても難しいんだな。以下、若手がよくやる失敗例。「落語会をやりたいんですがおいくらぐらい？」「いくらでも大丈夫ですよ（ホントは大丈夫じゃないけど）」「額をおっしゃって頂けますか、ただ予算は少ないんですが……」「そうですか……では〇〇円でいかがですか？（かなり控えめな額）」「えー！」「高いですか⁉」「いや、そんなもんで大丈夫なんですか？　なーんだ、もっと高いかと思ってました よ！」「え？……あ、はは……お金じゃないですからー、落語が出来れば喜んで！（おい、お前が予算ないっつったんだぞ！　もっと高く言っときゃよかった、バカー！）」

……こんなこと、しょっちゅうですね。

噺家って金銭の話がとても苦手なんです（得意な人もいます）。「ギャラの額なんて自分から言うものではない」という美学？がなんとなくあるんですね（ない人もいます）。また各々が「社長」なんで、相場はあってないようなもの。噺家によって違います。一番困るのは「〇〇師匠はこの額で出てくれましたよ、一之輔師匠も……」みたいなオファー、そんなこと言われたら断れないじゃんかよ！　ま、基本方針は「とれるところからはとるし、とれないところからはとらない」……ブラック・ジャックみたいでカッコいいなぁ。

　ともあれ、一人で全てやるってのは大変な半面、けっこう気楽っす。

　こないだも、とある社長さんに錦糸町のタイパブに連れていかれました。タイのお姉さんが「イラッシャイマセ、シャッチョーサーンっ！」と私にも言ってきたので「ノーノー、私は社長ノーよ！」「ジャ、ナンデスカ？」。噺家なので洒落で「社長じゃなくて『師匠』よー！」と応えると「シャッチョ？」「ノー、シショー！」「ショッチョ？」「ノーノー、シショー、シショー！」「オー！　シシャチョー⁉」……支社長？　本社もおぼろげなのに支社長にされてしまいました。私、一之輔、錦糸町では川上（本名）支社長。名刺作ろかな。


（14年6月27日号）

説明責任

「何か言われたら、とりあえず『ハイ』と返事」
「絶対に言い訳はするな」

噺家になってから師匠に言われたコトのいくつか。

噺家は上下関係が厳しい。入門すると上の人から用を言いつけられたり、小言を言われたりの毎日。その時に「あの、それは……」などの言い訳は御法度。

とにかく「はい！」か「申し訳ありませんっ!!」のどちらか。

「ペコペコしてないでなにか言いなさいっ!!」

と怒る人もいるが、その気になってなんか言うと、

「つべこべ言うなっ!!」

という結果になりがち。どうしろというのか？

はじめは「なんて理不尽な」と思った。入門する前は「厳しい世界だ」「食えないぞ」とばかり言われたが、こんな社会だなんて具体的な説明は一切なし。入ってから理不尽さを理解していく。最初はしんどい。

でもしばらくすると、これがお互いにとって楽なことに気づいていく。細かいコトはさておき、基本的にお互い思考停止でよいのだから、楽なのだ。

「察しろよ。俺はお前より上。偉いのだ」

「はい、さいでござんす！」

だから口では謝っていても、腹の中では舌を出してることも多い。私はしょっちゅうだ。

そんな調子なので、自分が怒る立場になると、「こいつは反省してるな」とか「この野郎、まるでこたえてないな」とか判別がつくようになる。

反省してないヤツに限って、言い訳をさせると急に能弁になって、「実はですねーっ!!」とまくし立ててくる。だから、

「うるさい、お前の意見なぞどーでもいいっ！」

と言いたくなるのだ。上の人の気持ちがよくわかった。

「自分が悪いんです！」とひたすらに平身低頭。これに限る。

落語の登場人物たちも同様だ。貧乏長屋の住人は、滞《とどこお》った店賃を大家にとがめられても、

「頭を下げておきゃ、小言は上をツーッと通らぁ」

とうそぶいてペコペコする。大家も一度怒ってそれっきり。

店子「大家さん、申し訳ありません！　店賃はちょいと待って頂けませんか？　このとおり！（手をついて詫びる）ないものは払えないんですよ、勘弁してくださいな！」

大家「しょうがねぇ野郎だ！　今回だけだぞ！」

てなかんじだ。その後、説明を求める大家はあまりいない。

大家「店賃を払えないことはわかったが、そのような状況に陥った経緯、反省点、現時点での状況打開策、支払期日、返済方法……など詳細に、こちらが納得いくように説明しなさい」

面倒くさい大家だな。店子も、

「じゃ、この長屋の店賃はなぜ○円に設定されてるのか？　間取り、立地、アフターケアが○円に本当に見合ってるのか説明せよ。払うのはそれからだ‼」

私が大家ならこんなヤツに絶対貸さないよ。〝説明責任〟なんてしゃらくさい。「いやなら、よしゃぁがれっ！」で済んじゃう世界はいいなぁ。

「あなたの落語独演会の入場料は本当に見合った額なのか？　その対価として満足度が足りない場合、今後どのような対応をして、あなた自身どのように身を処《しょ》するか……」そんな団体に囲まれて問いつめられる夢みそうだわ。来なくていいです。そんな人たちなら。

（16年10月28日号）

【説明責任】築地市場の移転先とされる豊洲新市場で、土壌汚染対策として必要とされた「盛り土」がされていないことが2016年9月に発覚、都民への説明責任が取り沙汰された。

思い込み　噺家の符丁で『ツカミコミ』という言葉があります。意味は、他人が考えたクスグリ（ギャグ）や演出を許可なく使うこと。要するにネタをパクることです。

どんなに落語が面白くなくても、金に汚くても、女にだらしなくても、人間的に問題があっても、『ツカミコミ』するヤツよりはマシだ……みたいな空気が落語界にはある……かな。みな口には出しませんが、要は噺家としてのプライドの問題です。「他人のネタ、黙って使ってまでしてウケたいのか！（怒）」という。

以前、どこかの落語会で私の考えたクスグリをある後輩がやってました。しかもウケてない。なんか精度が低い。やるならもっと結果出してもらいたいなぁー。惜しい。袖で聴いてて、なんとも言えない気持ちになりつつも、気が小さいので、

「おい！　何で俺のクスグリ黙ってやってんだ、ゴラァ！」

とは言えず……。かといって、そのまま何も言わないのも悔しいので、高座から下りてきた後輩に、あくまで平静を装って、「あのさ、今のネタ、誰に教わったの……？」

とおそるおそる尋ねると。

「誰って……一之輔兄さんじゃないですか!!」

そうだ。あのクスグリは私が二つ目の時、彼に教えたのだった。すっかり忘れてまし

た。『思い込み』で彼を泥棒扱い（実際はビビって、扱ってはないが）してしまい申し訳ない。

二つ目の時の、粗《あら》ーい練ってないクスグリ。そら精度が低いわけです。

「ホントにごめん。今はこんな感じでやってるから……」

過去の自分に稽古をつけてるようで、なんか気恥ずかしいものでした。

ところがです。こないだ、大学の落語研究会にいた時の記憶を呼び起こしていると（落研の思い出をコラムに書くため）、T先輩にたどり着きました。

「Tさんの落語は面白かったなぁ……。くだらないクスグリたくさんで。あれも、これも、それも……あれ……あっ!!」

近しい先輩に電話をすると、「懐かしいねぇ！　それ、Tさんが考えたクスグリだよ！（笑）でも、そんなどうでもいいことで電話してくんなよっ!!」。

そうだ。あのクスグリはTさんがやって爆笑したヤツだ。あまりに面白かったので、あの噺をやる時はやってみようかな……と思ってたんだった。時が経ちすぎて、自分のオリジナルだと思い込んでた……。

Tさんに申し訳ない。そして、あたかも自分のオリジナルのように教えてしまった後輩にも。すぐ後輩に電話。

「……わざわざすいません。そのTさんによろしくお伝えください。ところでご用件はそれだけですか？（おそらく真顔）」

冷たく電話を切られたが、後輩への筋は通した。しかし、Tさんの連絡先がわからない。

ちなみにTさんのそのクスグリは落語「茶の湯」の知ったかぶりのご隠居さんが「茶《ちゃ》筅《せん》」がわからず、「ほら、あれ持ってこい。茶碗をかき混ぜる……竹で出来た……ほら、下から見るとお尻の穴みたいな……そうそう！『アナル・ザ・バンブー』っ‼」という最低なものだ。正直、笑うのは１００人中３人くらい。クスグリの質はどうでもいい。Tさんに筋は通さねば。

でも何でこんなクスグリ、自作だと思い込んでいたんだろう。

（17年6月2日号）

師匠

東京の落語家は、真打ちに昇進すると「師匠」という敬称をつけて呼ばれるようになる。だから一応、私も一之輔「師匠」と呼ばれている。

最初はちょっと居心地が悪かったが、「これは東京の噺家のルールで、呼ぶ方は別に敬《うやま》ったり尊《たっと》んでなくてもそう呼ぶのだ」と思ったら気が楽になった。

極端な話、「一之輔師匠。悪いんだけどそこのジャケット取ってくんねえか？」なんてことがあるのだ。なんだかなぁ。

一方、上方落語界は真打ち制度が存在しない。その点ではちょっとめんどくさいらしい。言葉は悪いが、売れたもん勝ちみたいなところがあるからか、外部から見れば明らかに「師匠」と呼ぶべき売れっ子も、仲間内からは「まだそれには早い！」と思われてたりする、らしい。

落語界の外の人で「師匠」と呼んでくれる人も多いが、私の個人的な意見としては一之輔「さん」で全く問題ない。「師匠」となるとなんか響きが堅苦しくなるし、付き合いの幅が狭くなるような気がしていけない。

「一之輔師匠にはここで満面の笑みで川にダイブして頂けますか？　その折、師匠には全裸でお願いしたいのですが？　師匠、何卒ご了承くださいませ！」

……なんて仕事の打ち合わせは「師匠」だとしづらい。そういう仕事がしたいわけではないが、一つの例として。

後輩は、入門した時点で既に真打ちの先輩を「師匠」と呼び、真打ち未満の先輩は「あにさん」か「ねえさん」と呼ぶ。この「あにさん」や「ねえさん」が真打ちに昇進した時、「師匠」に切り替わるのだ。

真打ちになった時、昨日まで「あにさん！」と呼んでいた後輩が、その日から「師匠！」と呼ぶようになった。「師匠」はどうにもくすぐったい。

「勘弁してよ。『あにさん』でいいよ」

「何をおっしゃいますやら！」

「ホント勘弁してくれ！」

「周りの目もありますから……。じゃあ、上の人がいる時は『師匠』で、若手しかいない時は『あにさん』にしますよ」

「……そうしてくれる？　面倒かけてごめんね」

入門した時、真打ち未満だった先輩は真打ちに昇進してからも「あにさん」と呼んでかまわない。だが、後輩の立場からすると、その先輩が自分をちゃんと認識してくれていたかが問題だ。

入門して4カ月目に落語協会で10人の先輩が真打ちに昇進した。この方々は基本的に「あにさん」でいいのだが、なんか呼べない自分がいる。いちいち、

「私が入ったとき、あなたは二つ目だったので『あにさん』と呼びますよ」

とは断れないし、かといって、

「なんでこいつは俺のこと『師匠』と呼ばねえんだ！」

と憤慨されるのはつらい。

こちらとしては敬意に親しみをプラスして「あにさん」と呼びたいのだ。今まで「師匠」と呼んでいた先輩を「あにさん」と呼ぶには、どう切り替えたらよいかなぁ……。

一度ベロベロに酔っぱらって自分の師匠を「あにさんさぁー！」と呼んでしまったことがある。親しみ、込めすぎた。

「……俺は君の『師匠』だよ」

と、もっともなお言葉を頂戴した。よその師匠なら破門だな。

「師匠」と「あにさん」の間には、深くて長い河がある。

（15年12月25日号）

新人

春先、落語界には入門志願者がたくさんやって来ます。『新人』以前の若者が、寄席の楽屋口でお目当ての師匠が出てくるのを待っているさまは、挙動不審《きょどうふしん》すぎて実に微笑《ほほえ》ましいものです。

私もおんなじでした。

15年前、4月21日から7日間。新宿末廣亭の楽屋口から10メートルほど離れた、向かいのビルの社員通用口の凹《くぼ》みで、従業員にチラチラいぶかしげに見られながら、師匠を待ち続けていました。

なにも7日待ち続けなくても初日に声を掛けりゃよかったんですが、根が臆病なもので、

「あー、師匠、向こうに歩いてっちゃった……明日にしよう」

「今日、機嫌悪そうだな……明日にしよう」

「あれ？　雨降ってきた。今日はやめて晴れの日にしよう」

「あらー、今日お休みか？　じゃ明日にしよう」

「なんかおなか痛くなってきた……うーん、明日にしよう」

「よし、行くぞ！……（すれ違って）……通り過ぎちゃった……そうだ、明日にしよう」

そんなこんなでようやく27日に師匠に声を掛け、弟子入りのお願いをしたのでした。

15年経って、こんなチキン野郎にも入門志願者が来るようになりました。一昨年、初めて弟子をとったら、

「あ、この人、弟子とるのね」

というかんじで今年の春も何人かパタパタと。ありがたく、嬉しいことですが、悩ましくもあります。

弟子をとるのは師匠に対する恩返し、という考え方もあるのですが、その人の人生も考えなきゃいけないと思うのです。

みな落語が好きで噺家になるのですが、好きだからって明らかに向いてない人が噺家になるのはその人にとって幸せなのか……？　向き不向きは一目じゃわからないんですが、第一印象ってけっこう当たったりするものです。なまじ、本職にならないほうがこの人は落語を好きでいられるんじゃないか……。大きなお世話かな。

かといって、たとえ話術は拙くても妙な味が出たりするのも噺家という商売だったりします。大化けする人もいるわけで。私が断ることで、その人の可能性の芽を摘んでよいものか……。

とか、とか、行ったり来たりと悩むもんです。ホント、かなり悩む。なんで他人のことでこんなに気に病まなきゃいけないのか、ちょっと腹立つくらい悩む。まぁ自分も通ってきた道だから、悩むのも誠意かと。

だから、あえて冷たく断ります。情が移ると断りづらくなるから。「よその師匠のほうがよいですよ」とも言います。これは本心。私みたいな若造を師匠にするより芸のしっかり固まった、地に足のついたベテランの師匠のほうが絶対によいのです。

でも「弟子にしてくれ」と言われるのは光栄ですけどね。冥利というヤツですけども。弟子にとる基準とか確固としたものはないんですが、あるとするならただ〝フィーリング〟。悩みつつも、けっこうそんなもんだったりもします。

道端で「履歴書読んどいてください！」と渡されて、備考欄に「面接の日程が決まったら連絡下さい（平日の11〜20時、出来れば○日までに）。待ってます」とあった日には、悩むのも馬鹿馬鹿しいくらいですが……。いや、マジでいるんですわ。

（16年4月8日号）

ローカル

8年前、某県某町の小さな公民館での落語会。最寄り駅前に作業着姿のおじさんが迎えに来てくれた。人懐っこい笑顔で、

「乗ってー。40分くらいかかっからー」

と軽トラを指さす。

初めて行く土地では地元民へのリサーチは欠かせない。

「名物って何ですか?」

「飲んべえかな! ハハハッ! あと雪か? 豪雪な‼」

なるほど豪雪だった。公民館は半分くらい雪に埋もれている。

「近所のじいちゃんばあちゃんばっかだから!」

本当だ。お年寄りの行列がゆっくりゆっくり山の上の公民館に向かってくる。自主的な『楢山節考《ならやまぶしこう》』みたいだった。

落語会はつつがなく終わる。世話人の7人のおじさんがお客を送り出し、撤収作業を始めた。

「ここで打ち上げをやんで、お付き合いいただけますか?」

駅まで一人じゃ帰れないし、事前にもらった切符の新幹線の時間は遥か先だし、多分打ち上げを見据えてのことだろう。「喜んで!」と応える。

すぐに長机を並べ、缶ビール3ケースと一升瓶が3本現れた。あとは申し訳程度の乾きモノ。

メンバーは7人のおじさんプラス私。酒の量が明らかに過多だ。はじめにビールをいただく。雪の中に箱ごと突っ込んでたせいで鬼の仇のように冷えてる。

コップが4分の1空いたくらいでガンガンつぎ足してくる。せわしないことこの上ない途切れ途切れの会話で40分経過。

「そろそろこちらにしませんか？」

とリーダー（唯一のスーツ姿・山本浩二似）が地酒の一升瓶を摑んだ。

「いいですね、いただきます」

「じゃ、たけちゃん、あれ！」

たけちゃんというおじさんが、どんぶり鉢のフタだけ私に渡す。みんな立ち上がり、7対1でおじさんと私が正座で相対する。

「なんですか？　これ？」

怖くなって私は尋ねた。

「我々、端から順に謡《うたい》を始めますんで、謡が終わってつがれたら飲み干してください。順繰り順繰りに行きますよ！」

たけちゃんはよくわからない口上を声高らかに朗々と述べる。

「*@☆℃¥$¢£≒よ〜!!」

と歌い上げた。おじさんが8人しかいない公民館にたけちゃんの声が響き渡る。たけちゃんが一升瓶を差し出す。しかたなく私もフタで受ける。1合くらいあるだろうか。飲み干せ、との7人からの無言の圧力。

大学のサークルだったら明らかに問題になる案件だ。飲む↓次の刺客が歌う↓つぐ……。

勢いで飲むが5杯目くらいで、

「ち、ちょっとタイム！ どういう儀式ですか⁉」

「集落のおもてなしですが。一通り飲んで頂くと我々も嬉しいかな、と」

とリーダー。

「死んじゃいますよ‼」

7杯目からの記憶はない。その後どうやら私は皆さんに、

「人にばっか飲ませやがってこの野郎！ 何がおもてなしだ！」

と悪態をついて、からみはじめたらしい。その後、へべれけでお開き。車に押しこめられ、

「帰りたくない！ また来る！」

と駄々をこねているところを新幹線に放り込まれたという。

また来たくなる、ということは「おもてなし」として大成功なのだろう。でもその後、その町から仕事のオファーはまだない。相思相愛はなかなか難しい。

（16年10月21日号）

【ローカル】ＪＲ各社によるローカル線縮小の動きが加速。島根、広島両県を結ぶ三江線（１０８キロ）が２０１８年３月末で廃線になることが決定。

エリート

いわゆるエリートっぽい人に会うと、必ず首まわりの辺りを注意して見る。ビシッとしている人が多い。やっぱりエリートだね、と納得する。

古今亭志ん駒《ここんていしこま》師匠は昭和12年生まれの落語界の大御所だ。でも大御所ぶったところがまるでない。楽屋ではパーパーと陽気な気遣いに溢れた師匠で「ヨイショの志ん駒」の異名をとっていた。とっていた……というのも、今は病気療養中でしばらく高座から遠ざかっているのだ。

私が前座だった頃。二つ目昇進が決まり、一門数名で椎名町《しいなまち》で飲んでいた。2時間ほど経ったとき、私の師匠・一朝の携帯が鳴った。志ん駒師匠からだ。

「2次会やるなら、うちにおいで。お祝いしようじゃないか」

当時、志ん駒師匠は近所にお住まいだった。寄席の帰りにもつ焼き屋の前を通るとワーワーと同業者が騒いでいる。こっそり覗くと、二つ目が決まったお祝いのようだ。ならば……とのお電話だった。誰も志ん駒師匠が通ったことに気づいていなかった。お宅に伺うと、

「やーやー、すまないねぇ。付き合ってもらって!!」

と言われて、逆に恐縮。ダイニングテーブルには、人数分のランチョンマットに皿と

グラスが並び、お造りなどのご馳走が……。おかみさんも嫌な顔ひとつせず、祝ってくださった。

二つ目になると寄席の合間に銭湯に連れていってくれた。浅草の蛇骨湯がご贔屓《ひいき》だ。お湯に入って、豚八という洋食屋でトンカツ。ビールを飲んで、財布から海上自衛隊にいた頃の制服姿のブロマイドを取り出し、思い出話。何度も聞く話なので、末には覚えてしまう。こちらもいい間で「すごいっすね～」と、合いの手を入れられるようになった。

師匠のカバンを持ってお宅まで伺うと、「ちょっと付き合ってくれ」とスーパーへ。

「玉ねぎは血をさらさらにするんだ。淡路島産に限る！」

と玉ねぎを大量にくださった。正直、めちゃくちゃ重たかった。でもさらさらになった、はずだ。

高座では古典より漫談が多かった。自称・ヒザマエの男。ヒザマエとは寄席の符丁で、トリの前の前の出番。軽くあっさりとお客を笑わせるポジションだ。

「志ん朝師匠はお父さんが志ん生、お兄さんが馬生《ばしょう》師匠。大変なエリート。私は海上自衛隊上がり。エリートったって、ちょっと違うン。襟に糸っくずがくっついてる。情けないもんで」

なんて言ってよく笑わせていた。最後に立ち上がって自衛隊仕込みの手旗信号を披露する。A・B・C・D……を順番に。

「Hが一番難しい。Hはこうするン（股間を恥ずかしそうにおさえる）」

嬉しくなるほど馬鹿馬鹿しいではないか。70過ぎたベテランがこんなことをして……。ドーンとウケると、

「お目当ては間近でございますっ!!」

と人さし指を立てて、颯爽《さっそう》と高座を下りていく。かっこいい。寄席の噺家、寄席の芸人だ。

だからエリートに会うと志ん駒師匠を思い出す。「襟に糸っくずがくっついてるエリート」が居たら狙い目だ。「ヨウヨウ」とか言って持ち上げてご馳走になっちゃおう。そして志ん駒師匠にご報告せねばなるまい。

志ん駒師匠、高座上がってくださいな。師匠の水兵服姿、また見たいです。会いたいなぁ。

（16年9月16日号）

古今亭志ん駒師匠は2018年、逝去されました。志ん駒師匠ご贔屓の蛇骨湯は2019年閉店。

第二章　こう思うのまくら

グルメをご馳走することがある。

グルメにはほど遠く、食にこだわりのない私でも噺家の後輩にご飯をご馳走することがある。

以前、お昼どきに後輩が、

「あー、おなか減ったな」

と周囲に聞こえるような大きな独り言を発した。聞こえちゃったものはしょうがない。

「……じゃあ、どっか行く？」

「いーんすか⁉　悪いなぁ、催促したみたいでー」

「催促してるよ」

なんて噺家らしい会話をしながら、どこへ行こうか思案する。

私も先輩にご馳走になってきたから、それを後輩に返すのがつとめだ。お気に入りの逸品を食わせてやろうじゃないか。

「喫茶店でナポリタンだ」

「ありがとうございます！」

ナポリタンが運ばれてきた。

「おー、うまそう！　いただきます！　うまっ！　んぅ～、ふふン、うま……むふ♪」

というふうに食べつつも、こちらにパッションをぶつけてくる。正直うっとうしい。

私は黙って見ていた。後輩は、

「うめ、うめ、うめ！」

と嬌声をあげ続ける。限界だ。

「もういいよ……」

「うま、うめ、うま……」

「うるせーよっ‼」

と一喝した。が、後輩は悪びれもせず、にこやかに、

「だって、おいしいですから！」

「うまいからってお前みたいにいちいち『うめうめ』言いながら食われたら落ち着かないんだよ！　黙って食え！」

「二人で黙々と食べてたって陰気じゃないですか？　うちの師匠の教えなんです。『メシを食う時はうまいうまいって口にしながら食え』って。それが作ってくれた人やご馳走してくれる人に対する誠意だそうでして」

「……じゃあなにか？　お前の一門は師匠を囲んで全員が車座になって『うめえうめえ、あーうめえ』って大合唱しながらメシを食うのか⁉」

「そうですよ」

「○○師匠も⁉」

「……いやー、まぁ師匠は黙って食べてます」

「△△兄さんは？」

「……んー、わりと静かに食べてますかねぇ」

「××兄さんは？」

「そこから下の弟子は『うめうめ』言いながら食べますね！」

……なんだ、下っぱがにぎやかしにパーパー言わされてるだけじゃないか。とも思ったが、一理あるかもしれない。

たしかに普段の私のように黙って食べるだけでは、同席者に思いは伝わらない。

「うーん、限度はあるが、たしかに何かしら感想は言わなきゃいけないかなぁ」

「そうですよ。うまいご馳走でも、しかめっ面して食べたらそれなりにしか感じないでしょ」

「まぁ、そうだわな」

「『うまいうまい』言いながら食べるのは、料理に自分好みのスパイスをかけて、味を調えるのと同じなんですよ。ポジティブな感想ひとつで、平凡な味でも二重三重に深みが出てくるんじゃないですかねぇ。味も前向きになるというか……」

なんか、ひっかかった。

「このナポリタン、平凡か？」

「いえ、たとえの話です。でもナポリタンは庶民のご馳走ですから、平凡で結構なんじゃないですか？　まぁうまいっすよ」

「あーそう……。なによりだよ」

『やたらに褒めてくる人間には気をつけろ』。昔、自分の師匠に言われた言葉がアタマの中をよぎっていった。

(16年2月12日号)


【グルメ】２０１６年元日、ドラマ「孤独のグルメ」の正月スペシャルを放送。

空気

「はい、50円ですっ！」

自転車のタイヤの空気が抜け気味だったので、近くのサイクルショップに空気入れを借りにいくと、店のお兄さんが愛想よく応えた。

「……有料か」

ちょっと戸惑いながらも50円支払う。空気入れはノズルをタイヤの口に差し込むと自動で空気が噴き出す、アレだ。

プシューッと、勢いよく空気を注ぎ込むのは気持ちいい。が、勢いが良すぎてあっという間にタイヤはパンパンにふくれる。パンクするんじゃないかと怖いくらいのスピードだ。でもあっけなくて、ちょい物足りない。

5歳の娘がそばで、

「わたしにもやらせてー！」

とせがむが、すでにパンパンで空気を入れる余地はない。

「もう終わり！　今度ね！」

「ちぇー」

帰り道、果たして50円という値段は適正かどうか考えた。

田舎を出て約20年、私は『空気入れ』というものを購入したことがない。さほど自転車に乗らないこともあり、20年間で空気を入れたのは、多く見積もっても30回くらいか？だから30回×50円＝1500円……。今、通販サイトを覗いたら一番人気の空気入れは2680円だった。

ボールに空気を入れることはまずないし、浮輪をふくらませるなら、真っ赤な顔してくわえるほうが風情がある。やっぱり買わなくてもいいな。1回50円はお手頃価格かもしれない。

ひと月後、次男の自転車もタイヤが甘くなってきた。空気が抜けた状態を「甘い」って言いますかね？　我が家だけかな。

今度は、昔ながらの商店街にある自転車屋に空気入れを借りにいった。偏屈そうなゴマ塩頭のお爺さんが自転車の修理中だ。

「そこのを勝手に使ってっ！」

いわゆる「空気入れ（手動のポンプ式）」を指さした。

「おいくらですか？」

「まさか！　要らないよ!!」

無料だ。嬉しいじゃないか。

取っ手を摑んでスコスコ空気を注入する。意外と反動が強く、力を入れないとポンプが下がらない。久しぶりの感覚だ。

「ボクにもやらせてよー」

代わってあげると、7歳の次男はやっぱり四苦八苦している。

「タイヤの空気ってこうやって入れるのかぁ」

次男が妙に感心していた。

「知らなかったのか?」

「初めて!! 難しい!!」

そうか。子どもってひとつひとつ、こういうコトを経験して覚えていくんだなぁ。空気入れを買って自分でやらせるのも勉強だ。買おうかな、2680円。

そういえば子どもの頃、親父がパンクの修理するのをそばでジーッと見ていた。穴のあいた箇所を探すために、水を張った洗面器にチューブをつけて破れ目からあぶくが出るのを待つ。「ここだ……」と言って、親父が仕事をする。タイヤにチューブをはめ込んで空気を入れ、

「よし、一丁上がりっ!!」

とサドルを叩く親父を見て、

「お父さんはスゴい……」

と思ったものだ。

若いうちにパンク修理くらい出来るように親父に教わっておけばよかったと、今になっ

て思う。1月28日で38歳になる、今からでも遅くはないかな。
今年はパンクの修理を身につけようか。普段、空気のような父親の威厳も少しは取り
戻せるかもしれない。

（16年2月5日号）

○○ハラ

今年の元日。某寄席に出演するため楽屋口から入ろうとすると、背後から見知らぬおじさんに呼び止められた。

「サイン、ちょーだいっ!!」

おじさんの右手には色紙一枚と油性マジック、左手にはスーパーのビニール袋。中に色紙の束が入っていた。

ピンときた。正月の寄席は出演者がとにかく多い。おそらく楽屋付近で待ち構えて、かたっぱしから芸人にサインをもらう腹づもりではないか……。

最近ではネットオークションにサイン色紙を出品する輩《やから》もいるらしい。私のサインが売れるかどうかは別としても、けしからんことだ。

で、一応聞いてみた。

「僕の名前、知ってますか?」

「は? サインちょーだいっ!」

おじさんはとにかく笑顔だ。

「いや、誰だかわかりますか? 私のこと……」

「あー、ま……、いいじゃないっ!!」

……よくねーよ。

「知らない人のサイン、欲しいですか？」

「ゴメンね！　勉強不足で！　これを機に覚えるからさ。書いてよー、一枚くらいっ!!」

悪びれもせず、おじさん。

「そうですか。じゃあ、ちゃんと覚えてくださいよ（苦笑）」

と言いながら、

〈一富士、二鷹、乳酸菌　ホージー八重樫《やえがし》　2016・1・1〉

と、架空の芸人の架空の座右の銘を書いておいた。

「あなた何の芸人さん？」

とおじさん。

「ヤクルト漫談のホージー八重樫です、よろしく」

「ありがとう、スージーさん！」

覚えてねぇじゃねぇかよ。スージーって！

私も大人げないけど、サインハラスメント。サイハラ。

サインを求められるのは大変光栄だけど、ちょっとデリカシーのない人も。

飲みの席で「これにサイン書いてよ」とコースターを差し出されることがある。コースターなら百歩譲ろう。広告の裏、箸袋《はしぶくろ》、紙ナプキン、手の甲……身体に書いたら消えるだろうが。

「箸袋だったら、書いてもすぐに捨てるんじゃないですか?」

「捨てないよー! (軽く)」

「……そうですかぁ、じゃあ」

と言いながら箸袋に、

〈これ捨てたら、死ぬ! 洒落じゃないぞ! 執念深い噺家 春風亭一之輔〉

と書いた。まだ悪い噂は聞かないので、大切にして頂いているのだろう。ありがたいことだ。

逆に「これに書くの?」というものを差し出す人もいる。

スマホのボディー。書くほうとしてはけっこう重たい。

「お願いします!!」と熱っぽく差し出されたので、

〈まるで電波が入りませんように 春風亭一之輔〉

と書かせて頂いた。

その後、その人はすぐ電話してたんで、私のまじないはあまり効かないようだ。

犬小屋にサインを求められ、書いたことがある。落書きされて怒ったのだろうか。犬がサインにオシッコをひっかけた。

〈犬に生まれ変わっても、君の飼い主だけには飼われたくない いちのすけ〉

というマジックの跡が、滲《にじ》んで読めなくなってしまった。

サインは求めるほうも求められるほうも、お互い幸せになるためにしたいものだなぁ。

（16年1月29日号）

【○○ハラ】嫌がらせを表す語は「セクハラ」「パワハラ」のほか、「マタハラ（マタニティーハラスメント）」「アルハラ（アルコールハラスメント）」など、さまざまなものがある。

古典

「トーストをくわえながら走る登校中の女子」は、本当にこの世の中にいるのだろうか。

「あー、もう遅刻遅刻っ‼」

と慌ててトーストを頰張り、

「もうっ！　朝ごはんくらいちゃんと食べなさいよっ‼」

とお母さんに呆れられ、

「忘れ物ないかー？」

と新聞を手にしたお父さんから声をかけられ、

「ははは、姉ちゃんまた寝坊かよー！」

と弟から笑われる、おっちょこちょいな「トースト娘（以下、トー娘）」に会ってみたい。

もはや「古典」だ。フィクションの世界ではあんなに目にするのに、私がなかなか会えないのはなぜなのか？　いるんだろう？　隠れてないで出てこい。

思い至る「私が『トー娘』に会えない理由」。

①単にタイミングが悪い――走ってる女子はよく見かけるので、遭遇した時点で既にトーストを完食してるのかもしれない。

②「トー娘」は意外と恥ずかしがり屋――やはり乙女だからくわえながら登校する日は、人目につきづらい裏道を走ってるのかもしれない。
③我が家の近所では朝食はご飯派が多い――若いうちはなんだかんだで、パンより腹ものいいご飯なのかもしれない。

空想の翼を広げれば、「トー娘」は絶対にいる……かもしれない。

もし本当に「トー娘」が走ってくるなら、私はバレンシアオレンジのいっぱい入った紙袋を胸に抱えて彼女を迎えよう。

「トー娘」と「オレンジおじさん（以下、オレおじ）」が鉢合わせで衝突。転がったオレンジを慌てて拾う二人。

そこに通りかかったお巡りさんの自転車が、ガラガッシャンと派手に転ぶだろう。ゴミ捨て場に突っ込んだお巡りさんが起き上がると、頭の上には魚の骨がのっているはず。

オレンジを拾う手と手が触れて、二人がドキッとしている横でお巡りさんが、

「コラコラ！　気をつけたまえ！　ほ、本官の話を聞いておるのかっ！（怒）」

と、アタマから湯気を出すにちがいない。

教室でも「トー娘」は「オレおじ」のことが気になって授業もうわの空。

「次！　58ページを読んで！」

と先生にさされるが、まるで見当違いのところを読み始め、

「……おいおい！　起きてて寝ぼけてると承知せんぞっ!!」

と大目玉。クラスメートは大爆笑。

帰宅後、勉強机に頬杖をつきながら、今朝「オレおじ」から別れ際に手渡されたオレンジ一つをじっと見つめる「トー娘」。

「そういえば、今日から家庭教師が来るんだった……あんまり気が乗らないなぁ」

「先生がおみえになったわよー」

と母の声がして、扉を開けて迎えれば、

「今日からよろし……あ！　君はトーストの!?」

「……え!!　オ、オレンジのおじさんっ!?」

せっかくの休日に、こんなこと考えながら半日も過ぎていると絶望的な気持ちになりますね。

ただ全国の女子の皆さんにひとつ言いたいのは『「オレンジの袋を抱えた男子予備軍」はここにいるよ！』ということ。いつでもオレンジ抱えて立ってるから、トーストくわえてぶつかってこい!!


（16年3月4日号）

因果応報

《因果応報》という響きの両肩にズシーンとのしかかるような重厚感はなんだ。

まず「因」という字、なんか見た目が「人が狭い牢獄に閉じ込められてる」ようで、見てると息が詰まる。「因」の中の人は何の因果でそんな目にあってるのか知らないが、とにかく耐えて生き抜いてほしい。

《因果応報》とは「悪いことをすると、悪いことが自分に返ってくるよ」という意味だと思っていたが、調べてみたら「よいこと」にも適用されるらしい。ちょっと安心。

そういえば、電車の中でおばあさんに席を譲ったら「ありがとうねぇ」と、のど飴を一つ渡されたことがある。これは「因果応報」か？　ただのお礼？

しかし、そのお返しの飴がすごくまずくて、かえってのどに負担がかかった。

「できれば向こうのほうに行ってくれないかな……」

と思っていた分が返ってきたのか。因果が帳尻を合わせにくるとは、けっこう油断ならない。

先日、我が家の台所にご飯つぶ（の塊）が落ちていた。朝の出勤前で忙しかったので、見て見ぬふりをした。しばらくすると、ご飯つぶは綺麗に消えていた。自分以外の誰かがやってくれたのだ。自ら手を下さなくてよかった。

夜、風呂に入ろうと靴下を脱ぐと、ベットリとご飯つぶがくっついていた。潰れてカリカリに乾いたご飯つぶに、誰かの体毛がサンドされている。凄く嫌だ。これも《因果応報》だろう。昼間、楽屋で前座さんに、

「こんなとこにご飯つぶ落ちてるよ‼　拾っておきな、誰かが踏んだらどうする⁉」

と小言を言ったのを思い出した。してみると、私は因果を撒き散らしながら歩いていたのか。面目ないす。

大学生の頃、自転車泥棒で捕まった後輩を引き取りに行ったことがある。帰り道に後輩が、

「これも《因果応報》ですかねぇ……先輩……」

とつぶやいたが、それは違うだろう。自業自得？　いや、違うな。まず、盗むなよ。

その5日後、私の自転車が何者かに盗まれた。

「お前なんか引き取りに行くんじゃなかった！」

と後輩に八つ当たりの電話をしたが、いまだに釈然としない。

小2のとき、面白半分に塀の上の猫に石を投げてたら、猫が「ニャーッ‼（怒）」と飛びかかってきて、のどを斜に切り裂かれた。血だらけ。これは明らかに《因果応報》。猫はいじめたらいかん。かといって優しくアプローチしても、私はかなりの確率でひっかかれる。猫は《因果応報》の方程式が通じない。

トイレで大をして、流さなかった。わざとじゃない。しばらくして小をしに行ったら、残した大に出くわしてしまった。

けっこうな「因果」が横たわっている。自分の「因果」でも決して愉快ではない。寂しげにこちらを見上げる分身を、介錯《かいしゃく》するかのように思い切り流す。

あろうことか、ヤツは便器に己の跡を残していった。舌打ちしながらタワシで「因果」をこすると、おなかが圧迫されたか、再び「因果」が込み上げてきた。

今度は忘れることなく確実に、「因果」を流す私。《因果応報》の波に揉まれながら人間はかくして成長していくのですね、お釈迦様……。

（16年4月22日号）

【因果応報】仏教用語で、過去および前世の業に応じてその報いがあるということ。

テレビのお友達紹介

小学校低学年の頃、「笑っていいとも！」のテレフォンショッキングのお友達紹介は、当然ガチンコで筋書きなしの「偶然の数珠つなぎ」だと思っていた。

だから、いつかゲストの依頼が自分に回ってくるだろうとワクワクドキドキしていたし……。

「ボクは誰から電話がかかってくるのだろう。○○叔母さんかな？　○○叔母さんは大川栄策のファンクラブに入っているらしいから、『大川栄策↓○○叔母さん↓ボク』という流れが考えられるかな。タモリさんに誰を紹介しよう？　ソロバン塾の先生にしようかな……あ!!　でも平日のあの時間は学校で給食中だ!?　紹介された場合、学校休んだ方がいいかな」

……と私は真剣にシミュレーションしていた。単なる子供の無知……というか、それくらいテレビに夢を抱いていた。

しかしどうやら一般庶民、ましてや小学生には登場のチャンスはないらしいことに薄々気づいたのは5年生の時。

「和田アキ子、何回出てんだよ!!　なんか怪しい……」

テレビに映ったら大騒ぎな時代。今みたいに素人が堂々とインタビューに応えたり、一芸を披露したりなんて考えられなかった。テレビカメラを向けられたらとりあえず照れ笑いでピースをするのが一般人だったのだ。畏《おそ》れ多くも「テレビ様」だった。

5年生の時、書き初めの千葉県大会の学校代表に選ばれた私。総合体育館での大会に千葉テレビの生中継が入るという。

太鼓の合図で300人の小学生が一斉に筆を走らせる。その様子をカメラクルーが端から舐めるように映していく。

上の空で「元気な子」と書いた。緊張のおかげで「子」が紙の外まではみ出してしまった。

後で録画を見たら、ほとんどの子供がチラチラとカメラを気にしている。ダブルピースをしてスルーされているお調子者も。

そもそも、開会式で「心を落ち着かせて書にむかいましょう」と挨拶した偉い人の声がうわずっていた。本末転倒とはこのことだ。

私もテツandトモのような上下そろいのアディダスのジャージを着て映っていた。来客の折にビデオを見せる。「あらまー、凄いわねー」と、けっこう感心するお客さん。

庶民がそれくらいのありがたみをテレビ（千葉テレビにさえ）に感じていた1980年代が、懐かしくも羨ましい。

今、地方公演に行くと、

「『笑点』のピンクの好楽《こうらく》さんは本当に仕事ないの？　小遊三《こゆうざ》さんは前科あるんですか？」と聞かれることがある。頻繁に。けっこうな地位のある人が真顔で聞いてくる。……んなわけ……。いや、やめとこう。

「笑点」がこの平成の世において、唯一視聴者をファンタジーの世界に誘《いざな》ってくれるテレビ番組なのかもしれない。冷静に考えて、上手い答えで座布団の枚数を競うという……その時点で夢の国の物語だ。しかもそのネバーランドが視聴率20％をたびたび超えるという……。そのネバーランドのピーターパン＝歌丸師匠の司会引退がかくも大きな話題になるという……。そして奇《く》しくも、両名ともに緑色。

「笑点」が続くか否かで日本の平和が測れるような気がする。いい大人が「笑点」を観る心の余裕があれば、日本はまだ平和かと。

（16年6月3日号）

【テレビ】２０１６年5月、春風亭昇太師匠が「笑点」の六代目司会者に。桂歌丸師匠は２０１８年、逝去されました。

大目玉

知り合いや後輩に「いやぁ、昨日、上司に大目玉食っちゃいまして！」とか「あん時は師匠から大目玉でしたよ」などと打ち明けられた場合、私なら「こいつ、さほど反省してないな……」と思います。ちょっと古いけどもね、「大目玉」。あえて古い表現を使うところも、ちゃかし気味だし。

カタチとしては謝ったけど、心の奥底で、自分には非があるのだろうかと思ってるフシが感じられます。そんな人にはちゃんと反省してもらいたいものです。「大目玉」食らわすほうも、あなたのコトを考えて、よかれと思ってるんだから。たぶん。

私がパーソナリティーをしている某ラジオ番組での、何年か前のはなし。その日のメールテーマは「余計な一言」。

生放送前にディレクターが、

「昨日、Aさん逮捕されちゃいましたね‼　1曲目『△△』に決めて台本まで刷ったんですが……曲、差し替えますか？」

「余計な一言」にまつわる選曲を事前にしておいたら、たまたまそのアーティストが、とある罪で逮捕されてしまったのです。

私「捕まる前に決めてたの？」

D「もちろんです。台本作ったら、急にニュース速報が流れて……ボクのせいでしょうか?」
私「なわけなかろう」
D「バッチリな選曲なんですけどねぇ……何しろいきなり〝余計な～ものなど～〟ですから」
私「たまたま、タイミングが重なっただけでしょ?」
D「はい。偶然です」
私「ちゃかしてるわけじゃないしなぁ……奇跡的に重なったんだから何かの縁じゃないか? 捕まった人の曲を流しちゃいけないってルールあるの?」
D「普通しませんよね」
私「けっこう流れてるじゃん。○○とか□□の曲」
D「ほとぼり冷めてからですよね、普通。捕まりたてホヤホヤの人のはかけませんね、絶対」
私「……容疑者なんだから、罪が決まったわけじゃないだろう。歌はみんなのものだ!!曲に罪はないっ!!(毅然と)」
D「……カッコいいコト言った気になってます?(冷ややかに)」
私「へへ。わかる? でもさ、いーんじゃない。たまたまだし。それにこんな朝早く(日曜朝6時から生放送）からクレーム言ってくる暇人いねぇよ。かけよう、かけよう！なっ!!」

D「うーん……はい。わかりました……大丈夫かなぁ」

私の押しの一手に、ディレクターもついに「セイ・イエス」。無事、Aさんの「△△」はその日の1曲目に全国へ流れたのでした。〝キミはたしかにボクを愛してる〟と〝何度も言う〟のでした。よかった、よかった。

……放送終了後、たくさんクレームが来ました。いわく「けしからん」「不謹慎」「社会的影響を考えろ」等々。

「大目玉」でした。貴重なご意見ありがとうございました。

逮捕後、やはりAさんの曲は電波に乗らなくなりました。いまだに、多少の自粛傾向にあるような気がします。

んー。「大目玉」。

目玉を見開いて、凝らして、怒ってくださる方が世の中には一定数いるのですね。ありがとうございます。でもあんまり開きっぱなしにすると、ドライアイになりますから、たまーにマバタキしたり目薬差してみてもよろしいんじゃないでしょうか。

……て、ディレクターが言ってます。

（16年7月1日号）

第三者

6月某日。某空港にて朝10時発の羽田行きの便に乗り込んだ。周りはスーツ姿のサラリーマンばかり。私は羽田に着きしだい、都内の寄席に出演する予定。

車輪が回り、飛行機は進む。窓の外、遠くのほうで係員さんたちが笑顔で手を振っている。ありがとう、みんな。また来るよ！

だが、離陸直前に飛行機が止まった。

「○○装置に不具合が生じたため、当機は3番スポットに引き返し、点検をいたします」と機長のアナウンス。

「まじか！」

数名がハモった。CAさんが平謝りしている最中に、引き返す飛行機に向かって笑顔で手を振り続ける係員たち。恐らく、状況が摑めてないのだろう。

「手振ってる場合か……」

誰かがあきれた調子でつぶやいた。

点検に40分ほどかかったが、「無事が確認できましたので、これより出発いたします」とアナウンス。一同一安心。

ゆっくりと飛行機が滑走路へ向かう。窓の外では、再び係員が手を振っている。今度

は多少、申し訳なさげに……。状況がわかった様子だ。すると、

「大変まことに申し訳ありません！　再び○○装置の不備がわかりましてん……」

機長もちょっと慌てている。「いや……わかりました！　今一度、3番スポットへ……」

と告げられた。

「勘弁してよ〜！」

3人くらいがハモる。窓の外では、係員さんが深々と頭を下げていた。当機に関わりない「第三者」っぽい皆さんに気を使わせてしまい、申し訳ない。

結局、欠航となり、寄席は休むことになった。航空会社からお詫びに2千円の買い物券をもらう。なぜ2千円？　振り替え便の出発まで15分しかないのに、「空港内のみ利用可能です」。おいおい、ずいぶんせかすじゃないか。

休演のお詫びにと関係各所へ慌ててお菓子を買い込んだら2800円也……足が出た。売店は私同様に買い物券を消費しようという客でごった返し。「第三者」の店員のお姉さんは、

「一列に並んでください‼　買い物券に領収書は出ませんっ‼」

とキレ気味。

翌日。寄席にお詫びに。

「不可抗力だから仕方ないよ」

寄席のお席亭はそう言ってお菓子を受け取ってくださった。

差し入れとして楽屋にもお菓子を持参すると、

「『○い恋人』か？　んー、北海道土産としてはベタすぎやしないか？」

まるで関係のない「第三者」の先輩芸人が、それを頬張りながらつぶやく。

帰りの電車でボンヤリとツイッターを覗いていると、昨日寄席に来たお客さんのつぶやきにこんなものが……。

「一之輔は突然のお休みだったけど、代わりが○○師匠で逆にラッキー!!」

無邪気に喜ぶ「第三者」の声にちょっとモヤモヤする私。いろんな「第三者」にめぐり合った2日間であった。

よーく考えると、さまざまな場面において「完全なる第三者」っているんだろうか。ちょっとでも関わっちゃった時点で誰でも当事者なんじゃないか？　○○師匠ファンのあなたも、私につぶやき見られた時点で当事者なのよ。そうなのよ。フフ。


（16年7月8日号）

【第三者】東京電力福島第一原発事故で、東電の元社長が「炉心溶融」という言葉を使わないよう社内に指示していたことが、２０１６年6月、第三者検証委員会の報告書により明らかになった。

ランキング

日本人はランキングが好き。

何年か前に「面白い落語家ランキング」的なムック本が売られていた。落語会や寄席に来るお客さんにアンケートをとったらしい。「面白さ」なんて人それぞれ感じ方が違う。当たり前だけど落語家には大不評だった。ランクインしても決まりが悪い。

初心者からすれば他人の意見、しかも数字という分かりやすい「目安」が欲しくなるのだろう。1位なら大安心、10位までに入ってるなら間違いない……という風に。逆に1位だとポピュラー過ぎてちょっと避けようか……となるかもしれない。

ちなみに私はなーんか微妙な順位だった。本って後々残るものだから、このなーんか微妙な順位が生涯の評価になってしまうかもしれない。ランキングを作るなら、毎年更新するくらいの気概を持ってのぞんでほしい。

帰省した時、久しぶりに小学校の卒業アルバムを見た。写真と作文にはさまれて「6年3組・なんでもベスト3！」というコーナーがあった。

卒業アルバム担当係の女子がおそらく二人くらいで作ったのだろう。アンケートなんか実施しなかったと思う。子供は……、特に6年生女子は残酷だ。

「カッコいい男子」「足の速い男子」「頭のいい男子」「優しい男子」、すべて1位は竹田くん（仮）。名前の脇に「♡」まで添えてある。これは竹田ファンクラブの会報か⁉ しかも、「優しい」はお前らの主観でしかない。そもそもこんなランキング作る女どもに、俺は絶対に優しくしない。バカー。

「かわいい女子」「スタイルのいい女子」「もてる女子」という項目があった。今なら完全なセクハラ。先生、とめなさいよ。

田中さん（仮）は「かわいい・スタイルのいい」で、ともに1位。確かに美少女だった。納得。「もてる」では2位だ。なるほど。まぁ、納得。ちなみに1位は宮原さん（仮）。ちょっとおしとやかな女の子。

「性格のいい女子」という項目があった。……いや、これこそランキングにしちゃったらダメだろ。あらら、田中さんはランク外。宮原さんは1位……。

大人になって見返すと、女子たちの田中さんに対する猛烈な悪意を感じて身震いがした。

平塚くん（仮）は「ひょうきんな人」で1位。「太ってる人」（今なら大問題！）でも1位。「忘れ物の多い人」という、本当にどーでもいい項目では2位。「平塚、どうせならもっと忘れて1位とれよ！」と思う。

しかし、後々コレを見て平塚の親兄弟・恋人・奥さん・子供たちはどう思うのだろう……。平塚が今もあの時と変わらないキャラクターでいてくれてることを心から願います。トヨエツみたいなカッコいいおじさんになっちゃってたら……と思うと胸の内がざわついてしかたない。

私？　私は「テレビを好きな人」の第2位に輝きました。……なんだそれ？　確かに好きだけど。しかも2位……。

「うちのお父さんは6年生の時、クラスで2番目にテレビが好きだったんだぜ！」

我が子が友達に自慢しても、友達は「なんだそれ？」と言うだろう。世界中が「なんだそれ？」と言うだろう。

こんなハナクソみたいなランキングが今日も日本中で発表され続けている。どうにかしたほうがいい。

（16年11月11日号）

【ランキング】２０１６年10月、ピコ太郎の「ペンパイナッポーアッポーペン（ＰＰＡＰ）」が、全米ビルボードチャート77位に。

ストライク

男はストライクゾーンの話が好き。もちろん、野球ではなく女性のストライクゾーンだ。

「俺の外角いっぱいは隣のクラスの○○さんっ！」

「えー！　それはないわー！」

なんて下世話な〝青年の主張〟を相手の意見などお構いなしで戦わせる。与太話の極致です。

女性のみなさん、すいません。でも女の人も同じような話してるんでしょうか？　してるんだろうなぁ。

ストライクゾーンが広いほうが仲間ウケがいい。狭すぎるとつまらない。「石原さとみからガッキー（新垣結衣《あらがきゆい》）までかな」とか言うヤツは頼むから帰ってくれ、と言いたい。

でもたまに狭すぎちゃってわけわからない人がいる。

「俺は大地真央とか天海祐希、真矢ミキかな……あと芸人だと三遊亭小円歌《さんゆうていこえんか》師匠大好き」とか言われると、北別府みたいな針の穴を通す技巧派でないと打ちとれないです。

「やっぱり三宅宏実、福原愛、高梨沙羅《さら》、吉田沙保里だなー」

狭いけど、外角高めだけ異様に飛び出たストライクゾーンには「バット、よく届くね!!」てなもんで逆に喝采。

昔（40年くらい前）、とある先輩の部屋に、とある先輩が遊びに行った。汚い独り暮らしの4畳半一間の壁が、なぜか神々しく輝いていた。

それもそのはず、とある「やんごとない女性」のポスターがセロハンテープで貼ってあった。高貴な微笑みが4畳半を照らしている。

「こちら……○○さま？」

「ああ……ど真ん中なんだよ。一目、お会いしたいなぁ」。旗を振りながらワン・オブ・ゼムとしてお会いする機会は年に一度くらいあるかもしれないが、お近づきになるのは難しい。

「幸せにする自信はある!!」

4畳半に虚しく響いたそうだ。

高校の同級生・Mくんのストライクゾーンが忘れられない。

M「けっこう広いと思うよ」

私「まず、ど真ん中は？」

M「牧瀬里穂」

時代を感じさせるが、ベタでいい線だ。

私「外角高めいっぱいは？」

M「笑うなよ……若い頃の土井たか子……」
私「(苦笑) 笑うわ!!……若い頃？ 『山が動いた』頃の？」
M「小さい頃、テレビで観てから、あのおたかさんの張りのある太い声が胸にビンビン響くのよ……俺も動いたよ」
私「……じゃあ、内角低めいっぱいは誰？」
M「人間のほうがいい？」
予想外の問いに慌てたが、世の中にはいろんな好み・性癖があるのはわかってたので
……
私「かまわんよ」
M「チャトラン」
私「猫じゃん、『子猫物語』の」
M「子猫の可愛らしさにはどんなアイドルも女優もかなわない。可愛らしさの絶対値を測れば断トツに子猫！ さすがに道に外れたことはできないから、いざというときは子猫を傍らに置いておくだけで俺は幸せ!!」
忘れた頃に、Mくんの家に遊びに行った。お母さんがリアルな子猫がプリントされたTシャツを着て、「いらっしゃいーっ！」という、女性にしては野太く通る声で出迎えてくれた。Mの部屋には牧瀬里穂が表紙の写真週刊誌。

一部屋にMのストライクゾーンが集約されていた。なんだ……狭いじゃんかよ、M。
（16年12月2日号）

年賀状

年賀状をもらうのが好きだ。

子供の頃、元日の午前中は自宅の郵便受けに張りつくようにして、郵便屋サンが配達する年賀状の束を心待ちにしていた。

6人家族。父・母・姉3人・私の年賀状を6人分に振り分けていくのは私の仕事だった。

父宛ての年賀状が一番多い。それだけでちょっと尊敬に値する気がした。

お年玉付き年賀ハガキが生まれて初めて当たったのは、小学生の時。クラスの担任の栗田先生からのものだ。4等の切手シート。それでも嬉しい。

引き換えにいくと、ハガキの当たり番号部分を2センチくらい切り取られてしまった。子年だったか。計算すればわかるのだが。ハガキをひっくり返してみると栗田先生の手描きのネズミのイラストが真っ二つになっていて、ちょっと悲しかった。郵便局、切れっぱしは返してくれずじまい。

宝くじは買わないが、いまだにお年玉付き年賀ハガキは大好きだ。一昨年、2等が当たったら結婚式の引き出物のカタログみたいなものが送られてきた。迷った揚げ句、カニ雑炊の詰め合わせをもらった。選んだ私にも責任があるが、2等にしてはあまりに夢がない。

一方、年賀状を書くのは苦手。もらうのは大好き、書くのは嫌い。自分でも勝手だと思うが、そうなんだから仕方ない。子供の頃は返事が欲しくて、仕方なく書いていたふしがある。

「おもちの食べすぎにちゅういしよう。必ず返事まってます」と書いたのを、

「返事を催促するもんじゃない」

とたしなめられたことがあった。その時はわからなかったが、今になると「必ず返事まってます」はけっこうなプレッシャーだなと思う。

何年か前の暮れ、バタバタしていて年賀状を書くのを忘れていた。このまま喪中のフリをしてやり過ごしてもよいが、ちょっと考えた。

「馬の絵を描きなさい」

当時、小学2年生の長男に課題を与えると、動物図鑑をお手本に道産子《どさんこ》の絵を描き始めた。リアルを基調にしているが、やはり小学校低学年の絵だ。若干バランスが微妙、まつ毛がふさふさして、目がパチリと可愛らしいが、全体的にくたびれた感じの、哀愁にまみれた痩《や》せた道産子ができあがった。

息子「これでいい？」

私「よし、完璧だ。じゃ、何か挨拶文を書きなさい」

息子「あいさつぶん？」

私「パパがお世話になってる人たちへの君からのご挨拶だよ、なんかあるだろう？」

息子「そういうことか……」

息子は疲れた表情の馬の脇に《今年もいちのすけをよろしくおねがいします　川上○○（↑息子の本名）より》と書き添えた。

その年、けっこう仕事が増えた。「痩せ馬をなんとかしてあげなきゃ」と哀れんでくれたのだろうか。息子へのご祝儀だろうか。結果的に痩せ馬が幸せを運んできたのだ。ありがたい。

子供の写真を載せた年賀状は、とかく「幸せの押し付け」だの「お前の家族なぞ知るか!!」だの言われがちだが、初めから子供に年賀状を書かせるというのは我ながら妙案だったと思う。

早い話が「泣き売」だが、まぁそれはそれとして……今年もいちのすけをよろしくおねがいいたします。当人より。

（17年1月6－13日号）

疲労

最近、けっこう疲れた出来事。

新幹線のグリーン車には車両の最前席と最後席の上の棚に、ビニール袋に入った毛布が常備してある。あれを身体に掛けて寝るのが好きだ。大好きだ。

ただサイズがちょっと小さい。あくまで個人的な意見です。あと縦横に20センチ大きくしてくれると、全身が肩から足先まですっぽりと、乱れることなく包まれて寝心地がいいと思うのだ。

私はミイラみたいにクルンと包まれて眠りたい。ニンジンのカタチをしたポン菓子の包みのように、手足をピーンとした私をパッケージしてほしいの。

それには今のサイズだと片足が毛布の外に飛び出したり、肩からずり落ちたり、どうにも寝ていて気になってしょうがない。

この間も初めはミイラ状で寝ていたのだが、車内の気温が妙に暑くてやたらに寝返りを打ったのか、気づくと毛布が腹部にしか掛かっていない。こりゃ一大事。すぐに全身を包み直すが、すぐに乱れてしまう。なんか車内、暑いぞ。

うとうとしたら、淫夢を見た。詳しく覚えてはないが確かに淫夢だ。疲れる時、淫らな夢、見がち。まだかろうじて30代、身体は即反応する。気がつくと、薄手の毛布にくっきりと隆起の跡が見えるじゃないか！　恥ずかしい！　熱いぞ、身体！　暑いぞ、車内！

その日の移動は、突然の淫夢と暑さと、それに伴う毛布の乱れを直すのに、クタクタに疲れ果ててしまった。

暑けりゃ毛布なんか掛けなきゃいい、とか言わないでほしい。グリーン車に乗ったら、あの毛布は掛けずにはいられないというか、掛けるべきだ。見栄を張らず、グリーン車の『グリーンなサービス』は使うべきだ。

だから私は座席のポケットにある冊子も、くまなく読破する。自分に課している、というより「もったいないでしょ？」という気持ち。

ボリュームがあって、けっこうな読みごたえ。東海道新幹線なんか2冊も常備してある。内容の面白さ、興味とかは気にしない。時間がないので、寝る前に急いで読む。とにかく目を通さないと落ち着かない。東北新幹線の通販のカタログも同様だ。勝手に喋るぬいぐるみ、可愛い。

おしぼりも渡されたらすぐ使う。寝てる間に手元に『男のエステ　ダンディハウス』の包みが置かれてると「やられたー」。サービスを正面で受け取れなかった腑甲斐《ふがい》なさ……客を起こすことなくおしぼりを置くパーサーの手際に脱帽……完敗だ。

こんなだから、飛行機のドリンクサービスなぞは必ず頂きます。ＣＡがカートを押し始めるとソワソワしてしまう。リンゴジュースかコンソメスープを飲んでからでないと、気になって寝つけない。

いい席に乗せてもらえたら必ずスリッパは使うし、機内食も残さず食べるし、飲み物は2杯は飲むし、新聞も3紙は読む。毛布ももちろん、それらが片付いてからもらい、ミイラになって寝る。ただ、たいてい気分が高揚して眠れない。

結果、疲れる。

『いいサービス』を提供されてもだいたい疲れている私。機内放送はつい全チャンネルチェックしてしまう。もちろん眠れず、疲れてしまう私。ホント言うと、できればほっといてほしい。

大きめの毛布を1枚頂ければ十分。室温は抑えめでよろしく。

（15年5月5–12日号）

ネタ

寄席や落語会で「また○○かよ……」という顔をするお客さんがいます。

○○は落語のネタ。

そんなお客さんは、だいたい最前列でメモを取りながら聴いてる常連・落語マニアで、SNSやブログに「聴き飽きた」だの「勉強不足」だの辛辣《しんらつ》な意見を書き込む人もいます。失礼を承知で言わせていただければ、「通いつめるキサマに問題あり！」。もっと言うと、「飽きてるようじゃまだまだ全然！」。

聴き飽き抜いて、その先にはバカになっちゃう落語トランス状態が待っています。噺家と同じ間で噺をなぞれたり、「今日はここの言い回し違うね……」とか、ジャンキーな楽しみ方。同じネタ聴いて文句言ってるようじゃ、まだ甘いな。

プロの噺家は、基本的に常に不特定多数・最大公約数のお客さんが笑えるネタをやるべきだと思うのです。ま、そんなネタを増やすのもプロの仕事なんですけど、これがなかなか大変。噺家も人間ですから安全パイについつい頼ってしまうの。

私も落語に限らず、冒険が苦手で安パイに走りがち。

映画なら『インディ・ジョーンズ　魔宮の伝説』。1年に何度か観ます。新作で後悔するより、ハリソン・フォードが猿の脳ミソや虫料理を振る舞われるの観てキャーキャー言っていたい。

漫画も手塚作品と藤子作品。『火の鳥』と『アドルフに告ぐ』と『ドラえもん』と『まんが道』を棺桶に入れてくれ。

ドラマは昔は『スクール☆ウォーズ』。今なら朝ドラの『ひよっこ』しか観ない。私も乙女寮に入ってコーラスしたい。でも川浜高校には入りたくない。

着るものは無印良品。靴はカンペールのスニーカー。髪形は近所の床屋さんで坊主。朝飯はアジの開きと目玉焼き。携帯はガラケー。酒なら寄席の近くの焼き鳥屋でホッピー。旅行なら温泉。パンツはユニクロのボクサートランクス。スパゲティはナポリタン。寝るのは畳に布団。枕は薄め。洗剤はアタック。おしゃれ着洗いはエマール。

いつもの『ネタ』を頼んでおけば、ハズレなし。寿司ならウニ・ミル貝・しめサバかな……。

北海道に行った時、某回転寿司チェーン店で『一番人気・こぼれイクラ軍艦』なるものを注文しました。いつもイクラは頼まないのに「こぼれ」にスケベ心をくすぐられ。

大将の、

「あいよー！　こぼれ一丁ッ!!」

の叫び声を合図に、店員がカウンターの中にある大太鼓を「ドンドコドンドコドンドコ!!」と打ち鳴らし始めました。

職人・ホール係の全員が手を止めて、鳴子を取り出しカチャカチャ鳴らしながら、「ジャンジャンジャンジャンっ!!」との掛け声を発し続けます。

それに合わせて、軍艦にひたすらイクラをかけまくるという一大エンターテインメント空間……。店中の全てのお客さんが私と私の軍艦を見つめています。

「おまちどおさまですーっ!」

皿にはイクラの小高い丘。恥ずかしすぎて味は覚えてません。

慣れないものは手を出さないほうがいいな……とお会計を待ってると、隣の席のおじさんが、

「こぼれイクラ、太鼓なしで」

と慣れた様子で注文してました。聞けば、一番人気でも「太鼓あり」は1日2、3回しか出ないらしい。早く言ってくれよ。

落語も寿司も慣れない土地では手慣れたネタ。これ鉄則。

(17年6月23日号)

【ネタ】ブルゾンちえみがキャリアウーマンネタで大ブレイク。

逆転

えー、よく『今泣いたカラスがもう笑った』なんてなことを申しますな。ちょっと導入を落語家っぽくしてみました。言わないけどね、そんなこと。7、8年に1回くらいは耳にするかもしれないけど、自分で言うことはまずないですよ。ようするに「おいおい、こいつ機嫌直るの早っ！」ってことですか。

私もちょっとしたことで気分がくるくる変わります。野球で言うなら序盤から逆転逆転また、逆転。シーソーゲームを繰り返し勝負がつかず再試合みたいな。

今の季節、電車に乗ったときでもそうですね。

《ホームにて》

クソ暑いなー、腹立つ！　はよ来いや！↓あ、急行来た、ラッキー！↓満員かよ！座れねえじゃねえか、ちくしょう！↓お、綺麗なお姉さんの前空いてる。ウヒョー！↓ん？……この女、香水くさっ。鼻が曲がるわ！↓……わ、胸元が開いてる……おっぱい見えそうっ！↓……ん？　胸元隠した……視線に気づいた？　睨《にら》んでる……なんだよ！お前のおっぱいなんか誰が見るか！　バーカっ‼↓お！　プレイボーイの中吊り、紗倉《さくら》まなだ！　わっしょーいっ！

ひどいな。これじゃただの情緒不安定な変態ですが、電車内での私の気持ちの揺れを文章にするとこんなかんじ。スケベをバックボーンにした感情のアップダウンが「今、自分は生きている！」というコトを再確認させてくれます。

世間では「ポジティブシンキング」推奨みたいな風潮ですが「ポジティブとネガティブを交互にバランスよくシンキング」してはどうでしょうか？ 「大量リードで前向き一辺倒の勝ちいくさ」より、あえて「逆転の連続、感情のシーソーゲーム」。

《ある日の寄席の楽屋にて》

だりぃ、高座上がりたくねー↓お、お客様いっぱいじゃん！↓この暑いのに行くとこねぇのかよ↓嬉しいねぇ、若い女性が多いよ！↓デートする相手もいないのかよ？↓いやいや、カップルもたくさん！　ありがたいねぇ↓寄席でデートって終わってるだろ↓張り切っていってみよう！↓（高座へ）いけね、いきなり噛んだ。もうダメだ↓まだ序盤、お客様笑ってるよ↓呆れて笑ってんだ、バカにしやがって！↓お子さんも楽しそう！↓ガキは学校行け、夏休み早く終われ！↓いい調子で中盤だよ↓あんまりウケてねぇな。みんな耳が遠いんじゃねぇか……↓携帯鳴ってるね。迷惑になるから早く止めてね↓ババァ、止め方分からねぇなら携帯持つな！↓オチだ、最後ビシッと決めるよ！↓あ、やっぱりウケねぇ。しかもまた噛んだ……↓いっぱいの拍手、ありがとー！↓同情してんのかっ⁉　バーカっ‼↓よしっ！　次は頑張ろう！↓もう転職しよかな……。

結果、頭の中でタコヤキひっくり返してるようで15分の持ち時間がアッという間でした。逆転逆転の乱打戦な心理状態では落語に身が入らず、とにかくくたびれましたわ。

当たり前か。

突然ですが、リニアモーターカーって線路のN極とS極をパカパカ入れ替えて（？）車両のスピードを上げるらしいですね。

電車は速い方がいいかもしれないけど、落語は投手戦を各駅停車で見に行くぐらいがちょうどいいみたい。仕事のときは落ち着こう。落ち着けば一人前だ。

（15年8月21日号）

能天気

『感じない人』というのはいるものだ。性的なものでなく、良くも悪くもハートが頑丈な人。

ラジオの仕事の時、某局内でよくお目にかかる某男性アナウンサーはカツラだ。私は心の内でその方をヅラウンサーとよばせて頂いている。

それを装着し始めた日、あまりの変貌ぶりに驚いて、私は黙っていられず「……あれ？ カ、カツラ、ですか……？」と尋ねると、ちょいクイ気味に「カツラですよっ！ 今日からっ！ ハハッ！」と朗らかな笑顔。カッコよ過ぎるじゃないか。

カツラに対してじめじめした後ろめたさがまるで皆無。「被ってる」というより、「被ってやってる」というかんじ。完全にカツラをのんでかかっている。あっぱれ、健全な能天気。

一方、いかがなものか……という能天気マンもいる。

先日、関東で震度4の地震があった日。電車が運休したのでタクシーで帰ろうと、行列に並んだ。30分後、ようやく乗れた。ドライバーさんはハイテンション。

「いやー、忙しいですね！ 特需ですよっ！（満面笑顔）」。絵に描いたような不謹慎さで思わず笑った。

「○○タクシーの△△と申します！ 安全運転で参りますっ！」と言いながら、いきなり自分のリクライニングを倒す。「わっ！　驚いた！」。こっちのセリフだよ。「あれ？　どちらか半ドアじゃないですかね？」。同乗者が皆、首をかしげていると「あ、自分でした（半笑い）」……お前かよ、早く発車しろ。

動き出して15分経過。「ふふ、お客さん。このタブレットで東京中の道は完全制覇ですよ。ホント便利な世の中ですよー（嬉）……あっ‼」。事故か⁉「メーター上げてなかったっ！」「だ、大丈夫？　だいぶ走ってるけど……」「まー、しゃーないっすわっ！（苦笑）やれやれですわ！……ったく！」。こっちは全く落ち度がないのに、なんかこの人に負けてもらってるように感じて、ちょっとモヤモヤしたぞ……。

同乗者を皆送って最後に我が家に到着。「５５００円です」「1万円でいいですか？」「あ、細かいお釣りが……」「……え」「……（しばらく考えて）もういいっすよっ！（諦め笑い）ここまで来たんだから５００円おまけしますっ！　またよろしくお願いしますっ‼お気をつけて降りてくださいねっ！（爽やかに）」。

いや、こちらに落ち度はまるでないからね。何をそんなに『譲ってやった感』でコーティングしているのか？

「ドア開けまーす！」。ガンッ。ドアが我が家の門柱にぶつかった。「あちゃーっ！（なぜか嬉しそう）ありがとうございましたーっ！」。いろんなコトがあり過ぎてバカになっちゃったのか。

家に入ろうとポケットの中の鍵を探っていると、助手席の窓を開けて「お客さんっ！」「へ？…なに？…」「大通り、どっちすか⁉」「……タブレットは？…」「充電、切れちゃって（照）」。照れてる場合か。……もうなんというか……気持ちいいくらいの……。俺がこの立場だったらどうだろう、と考えたら眠れなくなってしまった。

能天気に生きるのは難しい。でもそっちのほうが生きていて絶対に楽ちん。楽ちんに生きるのは難しい。

（15年7月24日号）

地平線

声を荒らげることなく、落ち着いた低い調子で「……そんなわけなかろう……」と相手を諭してあげたくなる。そんな瞬間にふと出くわす時がある。

その昔、寄席の楽屋で、ある噺家が前座さんに「帰るから上着取ってくれ」と言った。前座は「かしこまりました！」と威勢よく返事をして、楽屋の電話のダイヤルを回し始めたそうな。

しばらくして、「へい、お待ち！」と鰻重が届いたという。「上着」と「鰻」を聞き間違えたらしい。

「なぜ帰りがけに鰻重を食べるのか？　しかも楽屋で。出前を取ってまで。そんなわけなかろう……」。先輩噺家は低いトーンで諭したという。

ま、よく考えれば電話してる前座を黙って見ていながら、鰻が届くまで楽屋に居るこの人にも私から「……そんなわけなかろう……」を差し上げたいところだが、楽屋話は得てしてそんなもんである。

先日、京浜東北線に乗ってたら、車内アナウンスが「間もなくぅ『Ｗａｎｎａｂｅ』っ‼」と言ったので、「え？　スパイス・ガールズ？……そんなわけなかろう……」と驚いているうちに蕨《わらび》駅に着いた。自分に「……そんなわけなかろう……」だ。

よく仕事先に足袋を忘れる。こないだ忘れた時は、楽屋に前座さんが3人居たので今だけ借りようと思って足のサイズを聞いてみた。私は25・5センチ。「君は？」「27です」「でかいな。君は？」「24・5です」「……みんな合わないなぁ」

そこに「お疲れさまですっ！」と二つ目の女性噺家が現れた。「いくつ？」と聞くと「34ですが……何か⁉（怒）」「お前はジャイアント馬場か？……そんなわけなかろう……」。

不慮の事故の「……そんなわけなかろう……」で、私にも非がある。不快な思いをさせて申し訳ない。34歳、正念場である。

さて『地平線』だ。なにが「さて」だ。ガラケー片手に落語協会近くの喫茶店でぼんやりしていると、ほぼ同期の噺家Aが隣に座って「何メールしてんの？」と話しかけてきた。

私「週刊朝日の原稿書いてんだ、邪魔するな」

A「あー、たまに立ち読みするよー」

私「買え。そして向こうへ行け、邪魔するな」

A「お題は何？」

私「……（イラつきながら）地平線」

A「へー……難しいねぇ……」

私「あぁ、難しいよ」
A「渋いな」
私「……渋いか？（考えて）まぁ渋いかな……」
A「最近、あまり見ないよな」
私「都会じゃなかなか見ないだろ」
A「え？　けっこう地方では出てるのか？」
私「……地方なら見えないことないだろ？」
A「講演とか？」
私「コーエン？（ちょっと考えて）ああ、広い公園なら見えるかな」
A「広い？（少し考えて）幅広く、やってんだなぁ」
私「幅広くもなにも……そらぁ大きいだろ」
A「大きい？　テレビだと大きく見えるかもな。金八先生の第4シリーズだったかな？　怖い教頭先生役だったよな？」
私「（かなりしばらく考えて）……そんなわけなかろう……」
A「え？……李麗仙《りれいせん》だろ？」
唐十郎《からじゅうろう》でも、大鶴義丹《おおつるぎたん》でも、ましてやマルシアでもなく、李麗仙から金八先生を連想するAに改めて「……そんなわけなかろう……」を送りたい。

ちなみに私は金八先生シリーズでは名《な》取《とり》裕《ゆう》子《こ》さん演じる、美術の田沢先生が好き。

（15年6月26日号）

【地平線】ノーベル文学賞を受賞したフランスの作家、パトリック・モディアノの『地平線』邦訳が刊行。

カーネーション

カーネーション。日本人にとても馴染み深い花ですが、よりカーネーションを知るためには当人に聞くのが一番ということで、カーネーションさんにインタビューを試みました。

（聞き手・一之輔／4月某日／都内ルノアールにて）

一之輔「はじめまして。今日はお忙しいところありがとうございます」

カーネーション「ちゃっちゃと手短に頼むわ！　ほんま、スケジュール切れただけでも奇跡やでぇ。姉ちゃん、真綿に水ぅ浸したヤツ持ってきてっ！　はよしてやー（奥へ）」

—「カーネーションさんは関西のお生まれで？」

カ「育ちはな。生まれは愛知の一色っちゅうとこや。ご先祖様はオランダ、ネーデルラントやね、わかる？」

—「はい、プロフィールは読ませて頂いておりますので。性別は男性だったんですね？（汗）」

カ「驚いた？　よく女と間違われんねん。名前のヌアンスちゅーやつやろか？」

—「ヌアンスじゃなくてニュアンスですね」

カ「そ、そ、ヌアンスな」

—「……この時期はやっぱりかき入れ時ですか？」

カ「母の日、サマサマやね」

──「なんで母の日にカーネーションさんを贈る習慣が出来たんでしょうね?」

カ「口はばったいようやけど、ワシしかおらんかなぁ思うで」

──「どうして?」

カ「ワシらの見た目の楚々《そそ》としたとこな。バラはトゲトゲしててケバいやろ。キャバ嬢にやるわけやなし。菊はなーんか線香臭くてややな。ユリは、これ見よがしで大仰やなぁ。胡蝶蘭《こちょうらん》? オカンにやるんやで、値がはり過ぎや。親に気ぃ遣わせたらあかん」

──「おっしゃる通りだと思います」

カ「ワシは体つきはシュッとしてるし、花のビラビラが愛嬌あると自分でも思うねん。ビラビラがな」

──「……花弁ですね」

カ「ビラビラやな」

──「今までに『あ、俺キテるな!』って感じた瞬間ていつですか?」

カ「革命やね」

──「革命?」

カ「ポルトガルでな、『カーネーション革命』ちゅうのがあったんや」

──「どんな革命だったんですか?」

カ「……なんや……よう知らんけど……ガラガラポンやね」
ー「……」
カ「あと、朝ドラやな」
ー「観てましたよ！『カーネーション』！　尾野真千子《おのまちこ》さん、いいですよね」
カ「（無視して）能年ちゃん、好きやねん。朝ドラ繋がりで会えへんやろか？」
ー「尾野さんは？」
カ「（なお無視して）『まれ』の土屋太鳳《たお》ちゃん、頑張ってほしいね。ま、ワシにとって『たお』言うたら中日の田尾やけどな。田尾は一本筋の通ったなかなかの男やで」
ー「楽天の初代監督ですよね？」
カ「中日の田尾!!　中日っ!!」
ー「ところでカーネーション冥利に尽きることって何ですか？」
カ「人生で初めて贈る花がワシだって人が多いやろ？」
ー「そうですね。子どもが母親に贈る初めての贈り物なのかもしれません」
カ「親子の笑顔の橋渡しをしてる時……カーネーションやっててよかったなて思うてるよ（照）」
ー「いいお話です」
カ「ほな、もうええか？　これから全国回らなあかんねん。兄ちゃんもオカンだいじにせなあかんで！」

━「はい！ 今日はありがとうございました！」

カーネーションのおっちゃんに言われちゃしょうがない。今年は贈ろう、カーネーション。そして内容はほぼフィクション。（15年5月22日号）

【カーネーション】母の日に贈られる定番色、赤のカーネーションの花言葉は「母への愛情」。ピンクには「感謝、上品」、紫は「気品、誇り」といった意味がある。

パートナー

去年の話ですが、ある漫才コンビが解散しました。主に都内の寄席で活動してきたお二人で、結成40年以上だから楽屋で見ていて分かりませんでしたが、仲はあまり良くなかったといいます。

熟年離婚ならぬ熟年解散。

夫婦じゃないのだから、解散せずとも舞台と楽屋だけ我慢すればいいのでは……と思いましたが、今はそれぞれお一人で漫談家として舞台に立たれています。望んだこととはいえ、長年パートナーが居たのに急に一人きりになるのは大変だろうなあ。

漫才コンビが解散すると……

①それぞれがピン芸人となる
②それぞれ新しい相方を見つけて新たなコンビを組む
③どちらかが新たにコンビを組んで、片方はピン芸人となる

……などなどありますが、主に寄席を活動の場としている漫才師さんは②を選ぶ人が多いです。舞台に立たねばならないのだから、今までやってきた型を新しいコンビでも継続していくのが手早い対応かもしれません。

高校生の時、いつものように寄席の客席にいると、訛った漫談のおじさんが出てきました。メクリには「東京太」と書かれ、栃木訛りの小さいおじさんがぼやいています。

面白い！　とにかく腹をよじって笑いました。

「『とうきょう　ふとし』って面白ぇ！」……調べてみると「あずま　きょうた」でした。そらそうだ。

京太師匠は「東京二《きょうじ》・京太」の漫才で一世を風靡《ふうび》し解散の後に、ピンの漫談家として落語芸術協会の高座に立たれていました。可愛らしいおじさん漫談。

しばらくして、また寄席に行くと「東京太・ゆめ子」というメクリ。え？　ゆめ子って誰？

奥さんでした。京太師匠は奥さんを相方にして夫婦漫才に転向していたのです。

大変失礼ながら、「一人漫談の方が面白いなぁ」がその時の率直な感想です。ゆめ子師匠は可愛らしいおばさん。可愛らしいおじさんとおばさん。でも、なんか面白くなかったんだよなぁ。

後に聞くと、専業主婦から急に漫才師になったといいます。

数年後、私が噺家になって楽屋でお会いするとやっぱりお二人は可愛らしいおじさんとおばさんでした。高座を袖から拝見すると、「えー！　面白い！　ゆめ子師匠、ちゃんと漫才師になってる！」。しかも奥さんの匂いが消えてない！　全然芸人のいやらしさがない！　きれい！

二人に何があった⁉　厳しい稽古？　舞台を重ねての経験？

どこでも一緒って一体どんな感覚なんでしょう。途中加入の奥さんを漫才師として仕込んでいく京太師匠は一体どんな覚悟で臨んできたのでしょう？

他人が詮索・干渉できない領域が夫婦にも漫才コンビにもあるでしょう。その『領域』が一人芸の噺家には羨ましくもあるのです。一人は気楽だなぁ、と思いつつ「同志」「味方」「ライバル」「敵」とさまざまに色を変える『相方』という存在がいる漫才師さんがちょっと羨ましい。それがかみさんだなんて、羨まし……くはないけど、凄いことです。

3年前、芸術祭賞贈呈式でご一緒した京太・ゆめ子師匠。大衆芸能部門大賞の奥さん兼ツッコミ担当はとても嬉しそうに俳優の城田優さんと写真を撮っていました。とても漫才師とは思えない可愛らしいおばさんでした。その横で京太師匠はちょっと恥ずかしそうでした。

（14年10月3日号）

1億円

「1億円あったらなにする？」話は楽しい。でも「貯金する」「家を建てる」……などの現実的なお答えは勘弁して頂きたい。実際、1億円はないのにそんなこと言われても困る。本当に1億円あるなら現実的でいいが、どうせないんだから『ボーイズ・ビー・アンビシャス』でいきたいところだ。

学生の頃、ある後輩は「焼き肉食いますっ!!」だって。男の子的には十分アリだ。勿論、周りからは「どんだけ食うんだよ⁉」と突っ込まれた。

後輩「1億円分ですよ!!」

私「そんなに食えるのかよ？」

後輩「一度には食えませんよ、一生かけて食うんですよ。その1億円で一生分の焼き肉を賄うんです」

……いや……それは、ズルくないか？

後輩はその後すかさず「サイドメニューも1億円で食べていいんですよね⁉」と聞いてきたので「好きにしろ」と答えたら、「ありがとうございますっ！」と私に礼を言った。

ある後輩の噺家は「風俗に行きます！」……いや、これまた「どんだけ行くんだよ」である。できれば1億円は一度で使いきる方向でお願いしたい。

その旨を言うと「じゃ、風俗のビルを建てます」と言う。建てる？　経営するの？　客として行きたいんじゃないのか？

「経営したら自分は行っちゃダメすかねー？　じゃ、兄さんに所有権は譲りますから僕、毎日通ってもいいですか？」と言うので、私は「お待ちしております！」と言っておいた。

ある先輩は「俺、東京ドームで独演会やる！」と息巻いた。

「よぉよぉ！　いいっすね‼」と周りがはやしたてると、先輩は「木戸銭《きどせん》（入場料）はいくらとろうかな？」と言う。

先輩「1500円くらい？」

私「いやいや、安過ぎますよ！　ドームですよ‼」

先輩「2千円くらい？」

私「いやー、3500円くらいいっちゃいましょうよ！」

先輩「……3500円×5万5千人か……（嬉しそうに）えらいことになるぞ！　……マンション買えるじゃん‼」

「……落語やらずに1億で買えばいいじゃん……」

その場に居るもの全員が心の中でそう思ったよ。

その時、ある後輩が「ところで、お客さんは来るんですか？」とのたもうた。あちゃー、言っちゃったよ。

先輩「そうだよな、やっぱり木戸銭下げるかなぁ……」

後輩「いっそのこと無料にしちゃえばいいんじゃないですか？　1億円ならドーム借りてもお釣りが来ますよ」

先輩「え、マジ!?　お釣りでマンション買える!?」

後輩「そんなにマンション欲しいなら1億円で買えばいいじゃないですか？」

身も蓋《ふた》もないことを……でもみんなそう思ってた。

先輩は少し恥ずかしそうに「噺家なんだからさ、落語やりたいじゃん。せっかくの1億、どうにか落語につなげたいだろ？　ホントはマンションなんか、二の次だよ（照）」と言った。なーんか一同にホンワカした空気が流れたその時、後輩は、「いやいや、そもそも1億なんてねーし」。

今年の夏はもう終わり!?と思うほどの『冷や水』の浴びせ方だった。

（14年8月15日号）

ピンチ　先日、自分のなかで年一の恒例にしている人間ドックへ行ってきました。いつも通り基本プランを選んで、オプションの胃カメラは怖いからなしで。そのうち、やらねばいかんなぁとは思っています。

毎度毎度思うことですが、バリウム飲んでのエックス線の検査。あれ、皆さんどうなんですか？ 辛くない？ 耐えられますか？

シュワシュワする粉とバリウム飲まされて、ベッドにのせられ、両手でトッテを握れと命じられ、横にされ、縦にされ、斜めにされ、回転しろと言われ、また戻ってみろと命じられ、ぐるぐるぐるぐるぐる……。急に止まれ、と言われみぞおちにカメラをグイグイ押し付けられ……。しまいに下剤を渡され「次へ行け！」となじられる（なじりはしないか）。

若いからなんとかこなせるけど、高齢者や虚弱体質の人の場合どんなかんじなんでしょう？ ちょっと心配。

そして私の通っている病院のエックス線技師さん。その指示を発する声が、「小野リサ？」と疑いたくなるようなボサノバのリズムとメロディの囁《ささや》き口調なのでよく聞き取れないのです。

技師「てきるかきりぃ～、げぇぷぅわ、かまんすぃてぇ～」

私「？　え？　なんですか？」
技師「げぇぷ、すぃないて〜♪」
私「……あー……ゲェップするなと？」
技師「さぅ♪」
活字じゃ伝わらないか。
頭が後ろに30度傾いた仰向けの状態で。
技師「とぅぎぃは〜、よこぉ、むふふぃてぇ〜」
私「……え！　なんですか⁉」
技師「よこぉふぉ、むひぃ〜ふぇぃ〜♪」
私「（さっきと違うじゃねぇか！）え‼　なんですかーっ？……ゲェッップッ！」
技師「げぇぷ〜は〜、んがまぬぅ〜、しふぇ〜♪」
わけがわからない。
で、人間ドックの結果、尿酸値が高い。痛風予備軍……というかとっくに痛風になっててもおかしくないと。まぁ、ドック行くたんびに言われてるんですが。
翌日、尿酸値を下げる薬をもらいに内科の町医者へ。人間ドックの結果を告げると谷《たに》原章介《はらしょうすけ》似の先生はアタックチャンスな通る声で。
医者「で、どうしたいの⁉」

私「尿酸値を下げる薬をください」
医「去年も一昨年も高かったよね？」
私「はい」
医「あなた、尿酸値は下げたいんだ？」
私「……はい」
医「へー……毎回ひと月分の薬だけ飲んでそれっきりで、1年経ったらまた薬もらいに来るよね？」
私「……すいません」
医「いーのいーの……あなたのことだからさ。じゃ、今日もひと月分かな？」
私「は……あ……いや……」
医「また来年お待ちしてますよ（笑）」
私「ど、どうしたらよいでしょう？」
医「一言でいえば……あなたは『ピンチ』です」
私「ピンチ？」
医「医者はピンチを救いたい。でもピンチの自覚がないピンチは救えない。まずピンチを自覚してもらえませんかね？　まじ、ピンチですよ」
私「……ピンチ……なんだ」

結局、薬は3カ月分処方してもらい、切れたら血液検査することを約束しました。なぜなら、私はピンチだから。

「お大事に！」と声をかけられ待合室に出ると、お婆さんが私の顔を見て「ピンチ……」と呟き、あわてて口をふさぎました。病院の壁、薄過ぎる。

（15年6月19日号）

トーナメント

トーナメントの「シード権」が昔から腑《ふ》に落ちない。
小学生の時、高校野球の千葉大会のトーナメント表を見ていて、1回戦を戦わない学校が数校あることに気づいた。はてな？　父親に「これは何か？」と問えば「シード校だ」と言う。

私「シード校って？」
父「強い学校だ」
私「強い学校ってわかるの？」
父「過去の成績を見て決めるんだ。ここは強いなって」
私「誰が決めるの？」
父「……甲子園の偉い人が決めるんだろう」
私「弱い学校もその人が決めるの？」
父「……まぁ、そんなとこだな」
私「強い学校は何で戦う回数が少ないの？　強いんだからいっぱい戦えばいいじゃん」
父「強いんだからわざわざ何度も弱い学校と戦う必要がない、ということだ」
私「なんで？」
父「どうせ1回戦は勝つんだからな。特別に2回戦からやらせてもらえるんだよ」

私「何でわかるの？」
父「さっき言ったろう！　何度も戦って強いってわかってるんだ、シード校は！」
私「強くて必ず勝つの？」
父「そうだよ！　弱いところとやってもしょうがないのっ！」
私「……だったら強い学校だけでやればいいじゃん！　どうせ負ける学校は抜きにしてトーナメントすれば⁉」
父「そんなのダメだろ」
私「なんで？」
父「どの学校も参加する権利があるんだよ！」
私「……どうせ負けるのになんで参加するの？」
父「結果はわからないだろ⁉」
私「……え？」
父「やらなきゃわからないだろ。勝つか負けるかなんてっ‼」
私「『どうせ負ける』って言ったじゃん、さっき！」
父「勝つかもしれないんだよ！　世の中に『絶対』はない‼」
私「『負ける』って言ったよ！」
父「『絶対』とは言ってないっ‼　勝負はやってみなけりゃわからないんだ‼……だか

ら お前も勉強を頑張れっ!!」
私「今、関係ないじゃん!!」
父「関係ないよっ!!　関係ないけどな……あ、1回戦で強い学校同士が当たらないようにしてんだよ」
私「……？　何のこと？」
父「シードだよっ！　お前が聞いてきたんだろがっ!!」
私「1回戦で強いチーム同士が当たったらダメなの？」
父「ダメだろ。トーナメントが盛り上がらないだろうが！」
私「最初に強い学校同士がやったら、逆に盛り上がるんじゃないの？」
父「強いチームが初めのほうで潰し合っちゃって、弱いチームしか残らなかったらトーナメントが寂しいだろ？」
私「……寂しい？　なにが寂しいの？」
父「弱いチーム同士の決勝とか面白くないよ」
私「……そうかな？」
父「そうだよ！　絶対盛り上がらないって!!」
私「さっき世の中に『絶対』はないって言ったじゃんか！」
父「（遠い目）……なんでシードなんてあるんだろ。お父さんも不思議だよ。さ、ご飯ご飯」

今、思えば大人が「降りた」瞬間かもしれない。勝負に絶対はない。頑張れ、侍ジャパン。頑張れ、高校球児。

（17年3月31日号）

【トーナメント】第89回選抜高校野球大会、決勝戦は春夏通じて初の大阪勢同士の対戦となり、大阪桐蔭が優勝。

ニュアンス

『ニュアンス』って日常会話でよく使うけど、なんだか意味のハッキリしない言葉です。

このお題を出された日から、ずーっと頭の中を『ニュアンス』という言葉が渦巻いてニュアンス、ニュアンス、ニュアンス……。

考えすぎたり口に出しすぎたりするとその言葉は一体なんなのか分からなくなってドツボにはまることがありませんか？

子供の頃、眠れない夜に「ひつじが1匹、ひつじが2匹……」と数えていました。570匹目くらいから、『ひつじ』なるものは一体何物なのか？　何故『ひつじ』という名前が付くに至ったのか？　果たして、その動物は『ひつじ』という名前のままでよいのか？　他にもっとふさわしい名前があるのではないか？　そもそもひつじみたいな大きさの動物は匹でなく頭ではないのか？……などなど考え始めたら、なおさら眠れなくなってしまいました。

で、結局、ひつじに新しい名前を付けてやることに。ひつじ改め……『ふやーん』。我ながらナイスネーミング。『ふやーん』が1頭、2頭……。なんだそりゃ。それだけその晩は追い詰められていました。

さて、ニュアンスです。よく分からないので、身近な人に聞いてみることにしました。

まず弟子から。

一之輔「なぁ、『ニュアンス』って言うだろ？」

弟子「？……はい？　誰がですか？」

一之輔「誰とかじゃなくて一般的にさ。『ニュアンス』という言葉は日本語にすると何だと思う？」

弟子「……雰囲気……でしょうか……」

一之輔「雰囲気？」

弟子「『ニュアンス』って言葉のもつ雰囲気が、なんとなく『雰囲気』ってかんじだと思うんですけど？　やはり師匠の考えるニュアンス的には、ちょっと雰囲気違うかんじですかね？」

……何言ってんだこいつは！　……訳が分からない!!　若者の言葉の乱れ、深刻です。

ある仕事の打ち合わせ後、出版社勤務のKさんに聞いてみた。

K「ニュアンス……しいて言うなら……『かんじ』……ですかね？」

一之輔「また漠然としてるなぁ。そんなんでいいのかな？」

K「でも例えば『そこの〝ニュアンス〟を変えてみようか』という文を『そこの〝かんじ〟を変えてみようか』に変えても、ニュアンスは変わらないかんじだと思いますけど、ちょっと雰囲気似てると思いませんか？」

二人ともわざとか⁉

面倒くさいので二人にしか聞かなかったが、どうやら『ニュアンス』≒『雰囲気』≒『かんじ』みたいだ。

ここで初めて辞書を引いてみた。初めから引けよ、俺。

某辞書によると、ニュアンス……（色彩・意味などの）微妙な差異、あや、陰影……訳が分からない‼　辞書を作る人たち、カッコよくて難しい単語を必死で考えすぎなのでは？

楽屋である大師匠に聞くと「ニュアンスは……ニュアンスだろ‼」と一喝されました。なるほど。眠れなかったあの時の私に、「ひつじは……ひつじだよ」と言って諭してあげたい。

でも雰囲気的にはいいかんじだと思うんだけどな『ふやーん』。ニュアンスがちょっと違うかんじ？

（15年4月17日号）

3分の1

もしも『3分の1』の神様が突然現れて「いろんなものを3分の1にしてみようかなぁ」と言いだしたら、けっこう大変。

神「1年って12カ月もいらなくね？　4カ月でよくね？」

私「何月を残します？　とりあえず、春夏秋冬はひと月ずつ残しますかね。夏は8月で異論はないでしょう。あとはけっこう難しいですよ。春は4月……いや、3月も捨てがたいよな。温暖化で桜は3月になりつつあるし。冬は12？　1月の寒さもかなりだし。秋は10？　11月初旬の街中のかんじ、秋っぽいよなぁ。ていうか、東京基準でいいんでしょうか？　北海道なんか8月末には秋めいてくるし、沖縄は5月でも暑いですよ……」

神「めんどくせ、12カ月のままでいいや。じゃあさ、1日って8時間でいいよな？」

私「ほぼ睡眠時間じゃないですか。1日寝て終わりですって！　3日に1日寝てるだけですよ」

神「人間てそんなに寝てんの？　じゃ、一生の3分の1は寝てるってこと？　ふざけてんなぁ……あ、キリン！　あいつ首長過ぎるから3分の1にしよか？」

私「派手な馬になりますよ、変な角の生えた」

神「象の鼻は？」

私「子供たちが泣くでしょう、象の鼻が短かったら」
神「知ったことかよ！　……でも象の鼻が3分の1だったらけっこう気持ち悪いかもな」
私「でしょう？　あの長さだからいいのであって……」
神「アリクイってさ、ベロ長ぇんだよな？」
私「詳しいですね」
神「俺『ダーウィンが来た！』観てるからね。アリクイのベロ3分の1！」
私「あの長さで蟻塚から蟻を舐めとるんですよ。蟻喰えなくなりますよ」
神「あいつら蟻なんか喰ってんのかよ⁉」
私「だからアリクイってんですよ。『ダーウィン～』観てんでしょ？」
神「俺、いつも『ながら見』だから。あ、じゃあ『カップルがキスに至るまでの時間』は？」
私「は？」
神「長いよね、あれ」
私「人それぞれでしょ？」
神「そうか？　長いよ、みんな」
私「神様は？　いつもどれぐらいです？」
神「……いいよ、俺のことは」
私「あ、照れてる！　教えてくださいよ～」

神「……1年半くらい？」

私「ながっ‼ 奥手‼ それは3分の1がいいよ、神様は！」

神「うるせーよ！ もういいよ、俺のことは！ なんか3分の1にしたいなぁ。あ、タバスコ！ いつも使い切れないんだよ！ あの量、3分の1でいいよな⁉」

私「でも使い切ったらまた買うんでしょ？ すぐ腐るものでもないし、最初からあの量で問題ないんじゃ……」

神「……じゃ、どーしろってんだよ‼」

私「いや、切れられても……。そのままでいいんじゃないですか？ ……あ、秋刀魚！」

神「秋刀魚？ 俺、好き！ 秋刀魚！」

私「三等分しづらいですよねぇ」

神「秋刀魚を三等分？」

私「ほら、頭、胴中、尻尾……どうしたって胴中をみんな欲しがって兄弟喧嘩になるでしょ？」

神「……あのさ、秋刀魚は一人一尾、食わしてやれよ……子供、可哀想だよ……頼むよ、な」

私「はい、仕事頑張ります」

神様は、慈悲《じひ》深いなぁ。

（14年8月8日号）

第三章 日常のまくら

デキる男

前座のAくんはとても『デキる男』です。

ある地方の落語会で一緒になった時のこと。楽屋で鼻をグズグズさせている風邪気味の私をチラリと見て、Aくんは「師匠、よろしければ」とポケットティッシュを差し出してくれました。

「お！ ありがとう！」。チーンと洟《はな》をかんで紙を丸めキョロキョロしていると、今度は「どうぞ」と、いい間でゴミ箱を。

「サンキュー」とティッシュを返そうとすると「いえ。よろしければお使いください。私はもう一つ持ってますので」。

抜群の〝間〟と〝返し〟です。これ、洟をかんでる時点でゴミ箱出しちゃいけないのです。相手は「早くかめよ!!」とせかされたと感じるかもしれないから。ゴミ箱探してるなー、と思った瞬間に機敏にゴミ箱を手に取り、そして柔らかに差し出す。

楽屋に備え付けのゴミ箱がなかった時、Aくんはカバンから折り畳み式の簡易ゴミ箱を取り出して「お使いください」とすすめてくれました。「持ち歩いてるの？」と聞くと「たまたまです（笑）」。憎らしいくらいクールでスマート!!

この後、Aくんにはいろんなものを借りました。筆ペン・朱肉・胃薬・頭痛薬・歯みがき粉・龍角散のど飴・つまようじ・爪切り・電気シェーバーの掃除用ブラシ・携帯の充電器（ガラケー用とスマホ用の両方持っていた）・足袋（私と同じ25・5センチで、なんと2足持っていた！）……お前はドラえもんか⁉

地方の古い市民会館で「この控室、暑いねぇ。ドア開きっぱなしにならないかなぁー」と呟《つぶや》いたら、おもむろに10センチくらいのおでんのはんぺんのような三角の物体をカバンから取り出し、ドアと床の隙間に挟み込むAくん。見事、楽屋のドアは開いた状態を保ったままに。それはドアストッパーでした。

「扉止めのない楽屋、けっこうあるんですよね（微笑）」

常にドアストッパーを所持している人間は、ドアストッパー製作所の営業マンかAくんぐらいでしょう。その控室は横長の大部屋で左右にドアがありました。私が「あちらも開けば風が通る……」と言い終わらないうちに、もう一方のドアも開きっぱなしに。

……二つ持ってました、ドアストッパー。

あまりに過剰な用意周到さに祝儀のひとつも切りたくなりましたが、あいにくポチ袋がない。裸で渡すのも気が引けるので、「……ポチ袋とか、持ってるかな？」と聞くと「ございます」。

借りたポチ袋に2千円包んで「よかったらお茶でも飲んで」と渡せば、Aくんは涼しい顔で「ありがとうございます」。

その日の別れ際に「師匠、もしご迷惑でなければ、また何かの時にお使いください」

とさっきの空のポチ袋を人目をはばかりながら手渡してくれました。

ありがとう。Aくん。

こんなダメな私は前座の時、先輩から「これ捨てといて」と渡された紙くずをその場にゴミ箱がないとわかるやいなや、舞台裏の隅の人目につかないところにバンバン捨てていました。

真打ちになってそのホールに行ってみると、その時のゴミが残ってたことがあります。驚いたなぁ。

そりゃあ、拾ってゴミ箱に捨てましたよ。人間の成長とはこういうことですか。そうですか。違いますか。

（15年11月27日号）

爆買い

私は、寄席出演の合間に上野のアメ横や秋葉原電気街をうろつくことが多い。2015年は例年に増して外国人観光客が多かった。中央通りには大型バスが何台も並び、いろんな言語が飛び交ってにぎやかだ。みんな目的は「爆買い」らしい。

ワイドショーとか夕方のニュースなどでは「おいおい、またやってるよ（半笑い）」的な、若干揶揄《やゆ》するような視点で伝えることが多いが、外国人の「爆買い」は間近で見てるとスカッとして気持ちいい。日本人の買い物より豪快で、やはり世界レベルは違うなぁと感心する。

高価な電化製品をドカンと買うところもいいが、消耗品を「あんた、そんなに必要なの⁉」つーほど買いまくってるところを、ちょっと離れてウォッチングするのも良い時間のつぶし方だ。空想して遊ぶのが楽しい。

箱入りの「メガネ拭きシート」を20〜30個も買い物カゴに入れてる、おそらく中国人のおじさん。おじさんもメガネを掛けてるが、自宅用ではないだろう。さっきトレーナーの袖でメガネを拭いていたし。職場の同僚に配るのだろうか？　おじさんが会社の同僚のデスクに、

「ニッポン行ってきてな、ほれ、土産やっ！（なぜか関西弁）」

と言いながら、小箱を投げつけていくさまが目に浮かぶ。

「課長。ボク、メガネ使《つこ》てまへん！」

「誰かにあげたらええがな」

周りを見れば、みんな持っている。誰にあげたらいいのやら。

おじさんは「温熱アイマスク」の箱を興味深そうに見つめている。会社の若いＯＬさんにでもあげるのか。化粧品や食べ物だと好みが分かれるし、これなら、

「パソコンばっか見てると目ぇ疲れるやろ？」

「わー、課長ー。これ欲しかったんですぅー！」

という具合に女子の評価も上がるかもしれない。おじさんもいろいろ気を使う。

おじさんは山積みの生理用品の一つを手にとって、そばのおばさんと何か話し始めた。

奥さんか。奥さんは怪訝《けげん》そうな表情でまくし立てた。

「そんなもん、お土産に買うてく人おるわけないやろっ！　軽いセクハラやでっ！」

「……さよか？」

「当たり前や！　私の分だけでえーがな！」

奥さんは10個ばかり買い物カゴに放り込む。

「……使いきれるか？」

「ちょっと、あんた！　それどーいう意味やっ!!（怒）」

おじさん、下を向いた。

奥さん、紙オムツの棚の前で考えている。

「あんた！　いくつ持てる⁉」

「せいぜい4つやろ」

「店員さーん、10ください‼」

「持てへん、持てへんっ！」

「何言うてんの！　可愛い孫のためやないの‼　△△さん（婿の名前）も若うないんやさかい、国もええ言うとるし、もう一人作るかもわからんのやで‼」

「次は女の子がええなぁ。しかし○○は何であんなオヤジと一緒になったんやろ？　ワシと3つしか違《ちご》てへん……」

「またその話かいな！（怒）」

レジから出てくる長過ぎるレシートを楽しげに眺めている奥さんの脇で、おじさんが虚ろな目をして佇《たたず》んでいる。レシートは蛇が這《は》うように床まで伸びた。

「爆買い」の裏にはいろんな人間模様があるに違いない。

（16年1月1－8日号）

【爆買い】中国人旅行者の「爆買い」が流行語大賞となった2015年、日本を訪れる外国人旅行者（インバウンド）が海外旅行をする日本人（アウトバウンド）を上回った。

夫婦

以前、私がホスト役をつとめていた飲み歩き番組のゲストに、あの中尾彬《あきら》・池波志乃御夫妻がおいでになったことがあります。

芸能界ナンバーワンのおしどり夫婦といってもいいんじゃないですか。

池波志乃さんは先代・金原亭馬生《きんげんていばしょう》師匠の長女、ということは昭和の名人・古今亭志ん生師匠の孫で、尚且《なおかつ》つ、あの志ん朝師匠の姪御さん。噺家ならサラブレッドの中のサラブレッドです。

私みたいな駄馬中の駄馬もダバ、ダバダバダバ……安田祥子《さちこ》・由紀さおり姉妹の「トルコ行進曲」のごとき小作人はお近づきになれないお姫様なのです。

お姫様は下々の者にも等しくお優しかった。歩いている時、酔った勢いでしょうか、なんと私と腕を組んでくださいました。

はずみで姫の豊満なおっぱいに私の左肘が刺さる……世界広しと言えど、お姫様の乳に肘鉄を入れた小作人は私くらいでしょう！　世が世なら無礼打ちじゃ済まない。一族根絶やしです。

中尾彬さんは私のなかでは、大河ドラマ『秀吉』（竹中直人さんのチンチンが画面に映ってたと言われる）の柴田勝家のイメージです。チリチリ天パの髷《まげ》に、髭面《ひげづら》、ネジネジマフラー姿のおっかない武将です。

　もちろん勝家のように怖い人ではなかった（ネジネジのみ正解）のですが、お酒が入ると会話の端々にちょいちょい駄洒落を挟み込み、時折「どーだ！　面白いだろ⁉」という空気をお出しになられる……そんな殿様。

　私はお殿様の放つ駄洒落千本ノックに、グラウンドを行ったり来たりしながら球を拾いまくりました。かなり頑張って捕球したつもりでしたが「ウマいっ！」「さすがだなーっ！」などという、わざとらしいヨイショは殿様には通用しません。

たまに「そんなに面白くないよ」と真顔で返されたり……。殿、一体私にどうしろと？　私が取りこぼした球は姫が上手くカバーしてくれました。「またぁ（呆れ顔）」「もう、つまんないこと言って！」という姫の反応に、殿様はまんざらでもなさそうです。

　いつもこうなんだろうなぁ。なんか羨ましい……。「うちの夫婦もこうなりたい」という憧れではないのです。甘える中尾さんにもふわりと受けとめる志乃さんにも嫉妬……まさに嫉妬です。小作人の私は殿に甘えてもらいたいし、私は姫にも甘えたい。出来ることなら、二人の間に割って入りたい……。二人の愛を等しく注がれたい。どうすりゃ二人に愛してもらえますか⁉　養子になればいいのか？　あ、養子になったら私は志ん生師匠の曾孫《ひまご》だ……正月早々、私は変ですか？

　番組の収録が終わり「もう一軒寄って帰るから……」と二人は寄り添いながら根津の街に消えていきましたとさ。ちぇー。いいな、いいなー。なんか、悔しかったですよ‼

いつもはへベレケで、気づいたらエンディングになっているのに、私はその日はまるで酔えず、最後までほぼ素面《しらふ》でした。

愛し、愛され、甘え、許し……そんな夫婦の形を目の当たりにすると、人間、酔いも醒めますわな。ま、中尾さんにビビってたのが一番の要因ですが。

(16年1月15日号)

税金

昨年末、税理士のMさんから「税務署がお話を聞きたいそうです」と連絡があった。査察⁉　おかっぱ頭、グラサン、そばかすだらけの宮本信子が来る⁉

私「マルサですねっ‼」

M「違います。○○区の普通の税務署員さんです。自宅に来てもらいますか？　それともウチの事務所で話しますか？」

Mさんはいたって冷静だ。

私「自宅に来るということは……、ガサ入れですか？」

M「いえ、話をするだけです。ガサ入れは抜き打ちですから、予告してからは来ませんよ」

私「そうですか。片付けが面倒なんで、事務所にしてください」

というわけで、税理士事務所で迎え撃つことになった。

どんな大地《だいち》康雄《やすお》や桜金造《さくらきんぞう》みたいな濃い面構えの伊丹映画な野郎が来るのかと思ったら、さわやかなチビノリダー似のイケメン署員さんでいささか拍子抜け。要は過去の確定申告についていろいろと聞きたいという。いわゆる「税務調査」というヤツ。

税務署員「お忙しいなか、お時間頂戴いたしまして誠に申し訳ございません。二、三うかがいたいことがございまして……」

実に低姿勢で、好感度大。チビノリダーは電気スタンドを顔に近づけたり、カツ丼すすめたり、「かあさんの歌」を唄ったりはしない。

税「必要経費で『お年玉』とありますが、これは何ですか？」

私「お正月の『お年玉』です」

税「はぁ……。『必要経費』というものは、お仕事において欠かすと支障をきたす事柄に対する経費です。ですから『お年玉』はちょっと……」

私「めちゃくちゃ支障きたしますよー」

税「なぜですか？」

私「落語家はお正月に寄席の前座さんやお囃子《はやし》さんにお年玉を渡すんです。我が落語協会だけで前座が30人、お囃子さんが20人、その他にも落語芸術協会、立川流……他団体の前座さんにも『あけましておめでとうございます！』の一声を掛けられたら払わなきゃ……（泣）」

税「いけないのですか？」

私「払わない人もいます」

税「では経費には……」

私「払わないと何を言われるか!!　あいつらどこでも吹きまくりますよっ!!　シミッタ

レだのなんのと!!　働きも悪くなるし、支障だらけです!!　現に前座の時の私がそうでしたっ!!」

税「……では一人一人領収書をもらうわけにはは」

私「そんなこと言ったらどんな顔するかっ!!　払わないより酷《ひど》く言うに決まってますっ!!」

税「そうですか……。落語家さんって大変ですね」

そんなやりとりを2時間ほど続け、落語家の苦悩を訴えた。

「では額の信頼性を確認するために、○○区内の落語家さんの経費の平均値をとってみます。お時間をください」

と言って、その日はお開きに。

数日後、税務署からの返答は、

「落語家の申告している額がバラバラすぎて、平均をとったところでそれが『平均値』とは言い難く参考にならない」

同区内に住む同業者の顔がアタマに浮かんだ。みんな、どうやって申告しているんだろう。

後日、某先輩にこの話をすると「あー、俺も何年か前に同じ話を税務署でしたわ」とのこと。

税務署内で「落語家の経費問題」について引き継ぎしてもらいたいものだ。

（16年3月11日号）

【税金】法人税などに特例を設ける企業向けの政策減税の合計額は、２０１４年度で約１・２兆円に。

花粉症

ほどよく花粉症だ。

以前、病院でアレルゲンチェックをしたところ、スギ花粉は5段階評価で3。ハウスダストは5。いつも鼻がつまり気味なので、この季節だから特別ということでもないが、やはり普段の3割増しで鼻水が溢れてくる。

鼻水というヤツは一体なんなのか？

とにかく、かんでもかんでも出てきて、人の集中力を削いで、何かにつけて邪魔な厄介者だ。クシャミであれば、軽いイベント感覚で許せないことはないが、鼻水はじわじわ断続的にくるからタチが悪い。

また、あいつはポケットティッシュの持ち合わせがないときによく出るのだ。

とりあえず、すする。また出る。すする。出る。汚いなと思いつつ、さりげなく、指先で拭う。また余計に出る。手鼻をかむほど私は肝が据わってない。

どうしようもなくなって、近くのコンビニでポケットティッシュを買う。かむ。調子に乗って余計出る。

洟をかむのが面倒になる。マスクも買う。ティッシュペーパーを二つにさいて、鼻栓を作り両鼻に詰め、マスクをする。

だいたい鼻水のひどい日は、世間様にわからないよう鼻に栓をして表に出る私。一度

喫茶店で不用意にマスクを外してしまい、鼻から2本の牙を生やしている私を見たウェイトレスが、

「⁉……鼻血ですか？」

と聞いてきた。私は冷静に、

「いや、鼻水です」

と答える。恥ずかしい感情も鼻水と一緒に流れ出てしまって、こちらも落ち着いたものだ。

寝るときもよく鼻栓をする。なぜか寝ているときは鼻水が止まるらしく、朝になるとカラカラに乾いた2本の残骸が枕元に転がっている。だが、布団にまぎれて行方不明になることもしばしばで、後日家内が見つけて、

「汚いわねぇ‼ ちゃんと始末してよっ‼」

と怒られる。みんな鼻水のせいだ。

床屋で髪を切っているときに、ツーッと垂れる。すする。床屋さんが、

「洟かみますか？」

と察して紙を差し出してくれる。チーンとかんだ紙をしまおうとすると、

「かまいませんよ。床に捨ててください」

と言ってくれるが、実に申し訳ない。

調子に乗ってまた垂れる。かむ。捨てる。かむ。捨てる……。いっこうに頭のほうが進まず床屋さんはちょっとやきもきするし、床は紙くずだらけだ。

絶対に出会うはずのなかった私の頭髪と鼻水が、床屋のフロアで出会っている。みんな鼻水のせいだ。

落語の最中も容赦なく出る。ズルズルすすりながら話しているからお客さんも「気の毒に……」という目で見るではないか。気の毒なヤツの話を聴いても、人はあんまり笑わない。春先、私の落語がウケが悪いのもみんな鼻水のせいだ。

鼻水ってなんなんだ。いや、別に医学的な情報が知りたいわけではない。ただ、「なんなんだよ、お前は⁉」と言いたい。

こないだなんか本屋で雑誌を立ち読みしてたら、そこに垂れた。申し訳ない気がして、欲しくもない『月刊相撲』買っちゃったじゃないか。みんな鼻水のせいだ。

（16年3月25日号）

週刊誌

東京に出てきて、喫茶店に通うようになったら週刊誌を買わなくなりました。私の田舎には週刊誌が置いてあるような喫茶店がなかったので、週刊誌を読むには自費で買うか、立ち読み。ちょっと足を延ばして図書館。

小学生の時に少年ジャンプを買い始めてから、少年サンデー、少年マガジン、ビッグコミックスピリッツ、モーニング、宝島、週刊プロレス、文春、新潮、現代、ポスト、アサ芸……定期不定期あれど、いろんな週刊誌を購読してきました。もちろん、週刊朝日もナンシー関さんの「小耳にはさもう」目当てに買ってましたよ。中高生の頃かな。

今、行きつけの喫茶店にはけっこうな数の週刊誌が常備されています。「FRIDAY」から「東洋経済」まで幅広いです。

比較的男性客が多い店なので、グラビアが豊富な週刊誌が人気。いつも先客が読んでいて、ラックに返されるのを横目で確認したら素早く確保するようにしていますが、私が手にする頃には、必ず袋とじが破られていて、すでにお手つき状態です。

でも、喫茶店の週刊誌は、袋とじが開いていると、正直ホッとします。

自分で買った週刊誌の袋とじなら一人で誰にも邪魔されず、気兼ねすることなく開けますが、公共の場にある袋とじは手に取る前に開いててほしい。閉じたままだと、ちょっと切ない。

喫茶店の週刊誌の袋とじが開いてなかったら、あなたはどうしますか？　周りの目も気にせず、いきなりビリビリやりますか？

「これ開けていいですかー？」

って店員さんに許可を得てから開けますか？

袋とじをあきらめて、涙をのんでめくるめく世界を見ずにページを飛ばしますか？

まっさらな袋とじは男にとって重荷です。見たいのに開いてない「もどかしさ」……というより、たいして見たくはないのに、開いてないと、なーんか見たくなる「ジレンマ」。

だから「この店の週刊誌の袋とじはいったい誰が破いているのだろう？」と気になります。

ひげのマスターか。早くからいる常連のじいさんか。最初に手に取った一見《いちげん》のお客か。

ある日、開店時間に店を訪れました。マガジンラックには、今朝買ってきたばかりと思われる袋とじ付きの週刊誌が。ライバルは皆、スポーツ紙を開いて袋とじには気づいていない様子。

「しめしめ……」

席につき、コーヒーを注文すると、店員の女の子・佐々木さん（仮名）が、

「あー!!　ちょっとお待ちくださいねーっ!!」

と慌てててカッターを持ってきて袋とじを開け始めました。

「バタバタしてて忘れてましたーっ！」

明るい笑顔でカッターを操る。

「はい、失礼しましたー」

さっとページを閉じてコーヒーを運んできてくれた佐々木さん。聞けば、佐々木さんが袋とじ開け係なんだそう。店員さんが開店前にカッターで丁寧に開けてたのね。さもありなん。

20代の女子に袋とじの「死ぬまでセックス特集」を提供してもらい、無事この店の平和は保たれているのですね。まさに天の岩戸を開けるがごとし。

あとひとつ気になることが出てきました。この店の週刊誌のクロスワード、いったい誰が最初に解いてるんだろう？

（16年4月1日号）

【週刊誌】有名人の不倫、政治疑惑等、「週刊文春」の放つスクープは、その破壊力から「文春砲」と呼ばれるように。

満員御礼

寄席や劇場では満員になると、席亭や主催者から「大入り袋」

が配られることがある。対象は出演者とスタッフ。ごくまれにお客様にも配る落語会もある。

やはり、もらうと嬉しい。配布を任されたスタッフも「本日、大入りでございます！」とウキウキ加減だ。この大入り袋だが、もらっていきなり開けてはいけないらしい。先輩の何人かにリサーチしたところ、

「開けずにとっておいて、その年の暮れに封を切り、中身を確認してから空の袋を処分する」

という人が多かった。袋は神社やお寺で御焚き上げしてもらうのがベストだそうだ。己の一年を振り返りつつ、大入り袋に感謝。なるほど、なんてスマートな大入り袋との接し方！

だが、そうは言われても……だ。なかなか我慢のならない私は、基本もらったらすぐに誰も見てない隙を見計らって開ける。で、袋は持ち帰って自宅の神棚に納めて、暮れに御焚き上げ。

中身はすぐに改めたほうがお互いのためだろう。過去に一度、何も入ってなかったことがある。別にギャラじゃないからクレームをつけるのもなんだかなぁ……と思いスルー

したが、その場で開ければ何かとアピールしようがあったかもしれない。

たいてい中にはお金が入っている。一般的には5円玉ひとつ。地方自治体や行政法人が主催の場合は5円が多いか。「ご縁」にも繋がるし、実に分かりやすい。額じゃない、気持ちの問題だからありがたく頂く。10円、50円というのはあまり覚えがない。ましてや10円玉3枚とか、ハンパな額はまずない。

100円はたまにある。某落語会では、お客さん全員にも大入り袋をサービス。キャパシティー300人×100円……。「おいおい、その分をギャラに！」と思ったが、口に出すのは憚《はばか》られたので、「けっこうですなあー、景気がよくて……」と言いつつ、眉間に皺寄せ半笑いという複雑な顔をしてみた。

最近、定期的に始まった某会では破格の5千円だ。これは例外中の例外。大入り袋というよりは「お約束より多めにお渡しできますよ！」というギャラの追加分という感じだ。ま、頂けるならなんでも嬉しい。

ある老舗のホール落語は500円なのだが、コインでなく必ず旧500円札が入っている。主催者のこだわりらしい。岩倉具視《いわくらともみ》が「恐れいったか！」と睨み付けている。それを見て20代の前座が「偽札ですかね？」とのたまった。まぁ、仕方ないか。

ある地方の落語会はピカピカの新5円玉に、ひとつひとつ綺麗な紐《ひも》が結び付けてあった。「縁を結ぶ」ということで、大好評。事前にスタッフの女性がひとつずつ結んだらしい。400席くらいあったから大変な作業だ。でも心意気が嬉しいではないか。

ただ、結び方がきつすぎて、なかなかほどけない。仕方ないからハサミで切ったけど……まずかったですかね。

とにかく、大入り袋ってものは嬉しいものだ。たとえ宛名が「春風亭一之助様」と、「すけの字」が間違っていてもいいのだ。気持ちなのだから。

ただ一度、袋の表書きの「大入叶《おおいりかのう》」が「大入吐」になってるのを見た時は、思わずのけぞった。指摘したら主催者が青ざめたので、背中をさすってあげたくなった。吐いちゃいけない、吐いちゃ……。

（16年9月23日号）

【満員御礼】2016年7月の大相撲名古屋場所は、白鵬との横綱対決を制した日馬富士が優勝。初日から楽日まで満員御礼に。

懐刀

「懐刀《ふところがたな》」、いわば片腕・右腕・女房役・参謀・ブレーン……。芸能人にとってみればマネージャーみたいなポジションだろうか。

私の場合、仕事の交渉事や現場において、

「一之輔さん、マネージャーさんはいないんですか⁉」

と驚かれることがある。まぁ「芸能人」ではないので、「必要ないですから」とこたえるが、スケジュール管理なども、みんな自分一人でやっている。

携帯と自宅のパソコンメールと、たまーにFAXで仕事を承っております。公式ホームページは「いちのすけえん」です。よろしくどうぞ。仕事ください。

仕事依頼用のアドレスを公開しているので、新規のオファーはたいていそこに来る。

私の書く返信メールは、

〈はじめましてー。メールありがとうございます。その日空いてます！〉

みたいな感じで、フランク。文末に「一之輔拝」とあるのを見て、先方は驚くみたい。

こいつ、自分でやってんのか……と。

契約書・請求書・領収書関係もバイ・マイセルフ。宣材写真・経歴も自分でデータを送る。でも正直、すげーめんどくさい。

「マネジメントを請け負いましょうか？」と言ってくれた方もいたのだが、自分で把握している情報・ノウハウ・手順の「引き継ぐ作業」を考えただけでも、すげーすげーめんどくさい。だったら自分でやるほうがいい……ということで今に至っている。

私は手帳ひとつでやりくりしているが、なくしたらアウト。カレンダーにも書き込むが、書き忘れもままある。手帳がすべて。なくしたら切腹ものである。

過去に一度、手帳をなくしたことがある。2年先までの仕事がまるで霧の中。

「逃げよう……。家族も何もかもすべてを捨てて、しばらく山に籠《こ》もろう」

と覚悟を決めかけた。

明くる日、子どもの本棚から出てきた時はおのずと涙が流れてきた。とりあえず、子どもの頭をワシワシ撫でた。

「(こいつの仕業だろうけど)ホントにありがとう……見つけやすい所に隠してくれて……」

と意味不明な感情に落涙。それくらい手帳は大事なものだ。

逆にいえば、それくらいなのだ。私にとってのマネージャーの必要性なんて。自分が気をつければよいだけなのだ。

最近、マネージャーがつくようになった噺家の先輩がいる。そのマネージャーさんによると、

「半分以上、仕事を断るのが仕事みたいなものです」

とのこと。禅問答みたいだな。

「落語家さんは義理堅いし、ギャラにこだわるのを嫌う人が多い。ですから当人の代わりにその『体』に見合わない仕事をお断りするのが、私の仕事です。そうすれば、その仕事が下の人にも回りますから」

……次元が違う。なるほど、そのマネージャーさんのおかげでなんとなく私の仕事が増えてきたのかもしれない。ホントお世話になってます。これからもどんどん断ってください。

実を言うと、今はめんどくさいながらも請求書を書くのが少し楽しいくらいだ。「懐刀」を雇うなど当分先だな。この調子で自分自身のマネージャー業もしばらく続けていこうと思う。

関係各位、うちの一之輔、いい仕事しまっせ。どないだす?

（16年9月30日号）

お世辞

たまにご縁のあった役者さんやミュージシャンの方からお芝居やライブへご招待していただくことがある。

しかしながら、終演後に楽屋へのご挨拶がどうも気が重い。手銭で買ったチケットならスーッと何食わぬ顔で帰るのだが、ご招待していただいたからさすがにそれは失礼だろう。ドキドキしながら楽屋へ向かうのだ。

とにかく、見た感想を伝えるのが苦手。かといって、何も言わないのは愛想がないし。

例えば、その芝居がよかった場合。

「サイコーでしたっ！」

と素直に感激を表せばよいのだろうが、考え過ぎてしまう。

「通り一遍なのも、先方は物足りないんじゃないか……？」↓「ここがよかった、とか言うべきかな……」↓「そもそも俺はこの舞台を本当に理解しているのか……」↓「急いでるフリして黙って帰ろうかな……」↓「……そもそも先方は俺を認識してるのか。社交辞令で誘ってみたらノコノコ来た木っ端芸人など、とうに記憶にないのでは……」↓「ああ、来なきゃよかったかも……」↓「ひょっとして俺は自分のお客さんにもこんな思いをさせているんじゃないか」↓「なんて傲慢《ごうまん》なんだ……俺という奴は！」↓「もう噺家やめようかな……」

完全に病んでいる。

結局、伏し目がちに、

「あのー……よかったです」

などとつぶやいて、逃げるように楽屋をあとにする。頭皮は汗だく。すごくくたびれる。

だから、出来の悪いものを見た後などはなおさらだ。

「いい天気ですね」

くらい言っとけばいいのに、意を決して伝えることが、

「あー、わー、すごい！　差し入れがたくさん！」

「胡蝶蘭だーっ！」

などと、とりあえず目に入ったものを口にしてるだけだったり。情けない。腹にないお世辞の一つも言えればいいのに。

有名人は面会待ちの列が長い。あるお芝居の面会を待ってる間に聞こえてきた女性二人の会話。

「イマイチじゃなかった？」

「ていうか、ストーリーが意味不明……」

などと曇った顔でダメ出ししてたのに、順番が回ってくると、

「超絶ヤバかったですっ！」

と二人で手足をばたつかせていた。なんだ、そりゃ。そんなバカ女のお世辞に喜んで、

「打ち上げおいでよー」

なんてニヤついているあんたもあんただよっ。そんなんだから、芝居もつまらないんだよ。あんなもんで6千円もとりやがって！　いや、俺は招待だけどさっ！……と、喉元まで出たそんな言葉をのみ込んで、

「ありがとうございました」

とだけささやいて帰ってきた。

帰り道、ぼんやり考えた。

「……私の独演会で褒めて帰っていく人も信用出来ないのか」

そういえば入門したての頃、師匠や先輩に言われた。

「褒めてくる人の話は話半分に聞いておけ」「過剰な褒め言葉はワナだと思え」等々。

結果、歪んだ人間が出来上がってしまった。褒めるのは苦手だが、褒められるのもうがってしまう。持ち上げるのも、上げられるのも決まりが悪い。

終演後の挨拶は、

「今日はいい天気でよかったね」

「ええ、お互いに」

「じゃ、また！」

くらいでちょうどいいや。

（16年10月14日号）

タクシー

毎週日曜の朝、ラジオの生放送のため、タクシーが迎えに来る。4時半には自宅前に車が待機してくれていて、仕事とはいえ朝早くからありがたい。

運転手さんが3人、ランダムに代わる。その日にならないと誰が来るのかわからない。仮にAさん・Bさん・Cさんとする。

Aさんは60代の白髪頭を七三に分け、銀縁眼鏡。教頭先生みたいな几帳面そうなおじさん。

Bさんは50代。ボサボサ頭で色黒、ガッチリとして背は低いが、眼光するどい。おでこに老眼鏡を乗せている。「ど根性ガエル」のひろしみたい。

Cさんは30代か？　飄々《ひょうひょう》とした調子のいいアンちゃんだ。

「どぉもぉありぃがとうござぁっすー」

と挨拶する。何かあると、

「あーすいますぇんですぅ！」

と謝ってくるのが、軽くイライラする。

Aさんは、玄関前で必ず車の外で直立不動で待っている。

「寒いので中にいてくださいね」

と頼んでも、

「いえ、大丈夫ですので！」

と言ってきかない。私が寝坊して出るのが遅れても震えながら外にいる。B・Cさんは必ず車の中。Cさんは居眠りしてたり。いや、別にいいんだけど……。とにかくAさんは車の中にいてほしい。こっちが気を遣うよ！

自宅からスタジオまでのルートが三人三様。特にこちらから指示せずおまかせだ。

意外だが、真面目なAさんが一番料金がかかる。カーナビの言いなりに行くからかも。Bさんが最短距離を行き、運転も一番上手い……ような気がする。Cさんはたまにルートを変える。前回は最短だったのに、忘れてしまったのか、次は遠い道を行く。よくわからない。

トランクを使う時は、Aさんは荷物を入れてフタを閉めるところまでやってくれる。さすが気遣いの男。

Bさんは、「トランクお願いしまーす」と言うと、無言で開けてそのまま放置だ。

一方、Cさん。「かしこまりましたー」と運んでくれるが、一度フタを閉め忘れて発進し、パカパカなまま到着したことも。

Cさんは「いかがすかー？」とのど飴をくれる。気が利く。でも私が眠いのに「お仕事大変ですか？」とか、やたらに話し掛けてきてイライラさせる。

Aさんものど飴をくれるが、それが滅法不味《まず》い。プロポリスで効きそうなんだが、「いつもすいません」と言って舐めずにポケットにしまいこむ。ごめん。

私は鼻炎なのだが、車内にボックスティッシュを常備してるのはBさんのみ。でもティッシュがホコリ臭い。Aさんは「お風邪ですか?」とポケットティッシュを差し出してくれたことがあるが、ポケットから取り出したばかりで温もりが気持ち悪かった。Cさんはアレルギー持ちなのか、いつも鼻をズルズルしていて「鼻かめよ、おい」とめちゃくちゃイライラする。

3人とも違うタイプの運転手さんで朝から面白い。ツラツラと書き連ねてきたが、観察しといて名前すら知らない私もちょっとどうか?……とも思う。

3人とはほとんど会話をしないし、これからもほどよい距離感でいたい。足して3で割った人が一人いればいいかと言えば、そうでもなく……。お三方、今後ともよろしくお願いします。

（17年2月17日号）

【タクシー】2017年1月30日、東京都心部のタクシー初乗り運賃が2キロ＝730円から約1キロ＝410円に。

遺言

今、自分が急死したらどうしよう。縁起でもないが十分にあり得ることだ。万が一に備えてリアルに考えてみた。

この原稿を書いている現在、2017年2月7日午前10時29分。西武池袋線の下り・普通電車車内。携帯を片手に座席に腰を掛けている。奇しくも今日は私の大師匠・五代目春風亭柳朝《りゅうちょう》の命日。お墓参りに向かう途中だ。

今倒れたら私は次の富士見台駅で降ろされ、救護室に運ばれ、救急車で病院へ、そのうちに医者から「お気の毒ですが……」と宣告される（とする）。

家族に私の死が伝わるすべはあるか……。名刺は持ってないし、持ち物に記名していない。かろうじてガラケーの電話帳に「家」とあるので、そこから辿ってもらえるとありがたい。ロックはしてないのでどうぞ勝手に見てくれ。あとはメールの履歴などで「この人は春風亭一之輔という落語家なのか……」くらいは察してもらえれば。

家にカミサンが居ればいいけど、今日は小学校のPTAの集まりがあるので夕方以降でないと帰ってこないはずだ。わが妻は留守録を聞かずに放置するような雑な面があるので心配。頻繁に電話してみてください、病院の方。どうしても繋がらなかったら「落語家　一之輔」で検索かけて、「一般社団法人　落語協会」に知らせてほしい。そちらから家内に連絡がいくだろう。

家内は連絡するべき人の優先順位をわかっているだろうか？　まず親兄弟、師匠・春風亭一朝と私の弟子・きいち。この辺はいくら気が動転してても伝えてくれると思いたい。

兄弟弟子は9人いる。兄弟子で一番弟子・当代柳朝兄さんに連絡すれば、私を除く以下8人にLINEで伝えてくれるはず。LINEで「一之輔、亡くなったってよ！」ってきたらみんな驚くかな。既読スルーするなよな。かといって「マジっすか⁉」とか「いい人でした（泣）」みたいな返信もめんどくさいな。私は死んでるからいいけど。

友人関係は大学の同級生・Tに知らせればほぼ全員に伝わるはず。いまだ飲み会の幹事をしてくれる頼れるパチンコメーカー勤務。あとはネットニュースかなんかで知ってくれ。多少の記事になるかな？　どうかな？

葬式の支度だが、近場の斎場でノーマルプランでやっといてほしい。最近、「葬儀は近親者のみの密葬、後日有志でお別れ会を……」みたいなのが多いが、かえって二度手間だ。普通に通夜・告別式で頼みます。無理ない範囲で来られるほうに来て。

自宅の和室に頂き物のお酒が山ほどあるので、もったいないのでお清めの席に出してほしい。持ち込み料を取られないように、斎場の目を盗んでこっそりと。

香典返しは今治のフェイスタオルで。ありきたりだけど、なんだかんだ重宝する。品質重視。

あ、今死ぬともうすぐ真打ちになる弟弟子の朝也《ちょうや》改め春風亭三朝《さんちょう》くんにかなり迷惑がかかるので、真打ちの御祝儀は多めに。

遺産なんか残さないので、ちょっとある貯金はパーッと使っちゃっていいや。墓は一昨年買ったので、父さん母さん、ちょっと先に入って温めておきます。

みんな仲良くご機嫌に暮らしてください。

最後にとても大事なこと。この保存メールの原稿、なるべく早めに週刊朝日の西岡さんと鎌田さんに送っておいて。

（17年3月3日号）

※西岡・鎌田両氏は、当時の担当編集とデスク。

説教

最近「説教」をされない。みんな呆れ果てているのか？　言ってもムダだとあきらめてるのか？　なまじ「師匠」とか言われてるが、そんな人間ではないのです。罵詈雑言《ばりぞうごん》は怖いけど、理屈の通ったお説教はウェルカム。お願いです。誰かなんとか言ってくれ。

去年から密着されている。一つはＮＨＫのドキュメンタリー番組「プロフェッショナル　仕事の流儀」。いろいろ取材を受けてきたが、とうとう親分みたいなのが来ちゃったよ。ＮＨＫ、ネタギレだろうか？　「流儀」も何もないヤツを取り上げて大丈夫か？　番組成り立つのか？

暮れにオファーが来て、年明けから3月頭までほぼ毎日密着。ディレクターさんが若い。30代前半、イケメンだ。ＮＨＫのディレクターってみんな和田勉みたいな個性的な生き物系おじさんだと思ってたので意外である。

積極的にヤラセ演出に協力しようと思ってたのに、「いつも通りにしてください」と肩透《かたす》かしをくらう。捨て猫を拾ってミルクあげたり、お婆さんをおぶって横断歩道渡ったりするつもりでいたのに残念だ。

長く一緒にいるとスタッフさんと仲良くなる。新婚のディレクターT氏はいつも同じ格好だ。黒のダウンにジーパンにネックウォーマー。「いつも一緒ですね？」と聞くと、

「えへへ、そうですか?」

と照れ笑い。

褒めてないぞ。若奥さん、しっかり見てやってー。

私のありのままの生活には、それほど面白いことはない。取材チームは石仏《せきぶつ》のような顔で黙々とカメラを回す。思い切って、

「僕の生活、山場ないでしょ?」

と聞いてみた。

「はい、平坦です……。でもそこがいつもと違う『プロフェッショナル』になると思うんです。乞うご期待です……」

と、うつむき加減。恐らく今までで一番アマ風味な「ノンプロフェッショナル」だと思いますが、よかったらご覧あれ。

そしてもう一つの密着。私、一之輔の平成28年の12カ月それぞれの一日《ついたち》を、朝から晩まで追いかけた『春風亭一之輔の、いちのいちのいち』が小学館から発売されることになった。

新進気鋭のカメラマン・キッチンミノルの写真と私のコラム、そして私の一日の動静が事細かに記してある。

「岡目八目」というが、自分がどんなふうに他者に見えてるかが、この本でよーくわかっ

た。

「話を聞け！」「片付けろ！」「返事しろ！」「早くしろ！」「ちゃんとしろ！」……。うちではいつも子供をぷりぷり怒っている。

「あー嫌だ」「億劫《おっくう》だ」「疲れた」「もうダメだ」……。仕事前にはいつもダラダラうだしている。活字になってなくても写真から伝わってくる。自分を棚に上げまくりの人生だ。

これは効いたな。私にとって十分な「説教」です。嘘か誠か、四方に鏡を立ててその中にガマガエルを入れると、鏡に映る自分の醜さに驚いて全身から汗を流すらしい。その汗を「ガマの油の膏薬《こうやく》」にするんだって。いっぱい採れました、ガマの油。

私が不祥事を起こさない限り、本はまもなく書店に並ぶはず。よかったら「プロフェッショナル」とあわせてご覧頂ければ幸いです。以上、今回は番組と本の宣伝をしてみました。お説教は真摯《しんし》に受けとめる次第です。

（17年4月7日号）

※放送も出版も無事にされました。

枕

私の枕が臭い。無精なもんで何日もそのまま。汗臭く、若干の黄ばみ、その上しっとりと湿り気もある。カバーを替えなきゃとは思うのだが、まぁいいか。別に寝ちゃえばわからないし、枕の匂いで死ぬわけじゃなし。

気がつくと長男（小5）が私の枕に顔を埋めてクンクンと嗅いでいた。

「⁉ 何してるっ⁉」

「いい匂いだ、パパの枕は……」

と、アヘン窟《くつ》の住人のような恍惚《こうこつ》の表情を浮かべる息子。こいつヤバイな。というのは去年まで。今年に入ってからは、手のひらを返したように、

「パパの枕はもう嗅《か》がないの？」

「誰が嗅ぐかっ！（怒）アセくさおっさんマクラっ！」

寂しい。だんだん親離れしていくのだ。長男の成長を実感するが、下の2人の子供たちはかなり前から「ウンコくさジジーマクラ！」との激評を下していたので、長男の異常指向が真っ直ぐになっただけかもしれない。しかし「ウンコくさ」とはどういう言い草か？

ご存じの通り、噺家が本題に入る前の導入を〝マクラ〟という。落語をより楽しんでもらうために大事な部分。早い話がつかみのフリートークである。

最近、〝マクラ〟も危うい。ありがたいことに年間バカみたいに高座に上がっているので、毎度毎度何を喋ったらいいのかわからなくなってきた。

小噺・時事ネタ・身の回りの出来事・それにまつわる自分の思いや意見などをまとめてマクラにするのだが、これがなかなか苦労する。

適度にウケて、すんなりと落語に入れるマクラが「よいマクラ」だと思うが、難しい。何となく「こないだウケたから、今日も……」とルーティンなマクラでお茶を濁す。まぁまぁウケる。しかし、自分の中の鮮度は落ちる。無精で怠け者なので、新たなマクラに踏み込むのが億劫。億劫がってるうちに次の高座。あー、また同じマクラ。こうなりゃいっそのこと面倒な〝マクラ〟も〝枕〟もなくていいか、と思う。

先日、ある高座にて。頭を下げて、顔を上げたら数人のお客さんがクスクス笑っている。まだ何も言ってないのに。

私がお客さんに「なに？」と言うと「ゲラゲラ！」。クスクスがゲラゲラに昇格。私「なんなの⁉」、お客「ドッ‼」。ゲラゲラがドッに二階級特進。

中高年のおばさんばかりなのに、中身は乙女なのか。箸が転がるどころか、噺家が座布団に座っただけで笑っている。

思い切って10秒くらい黙ってみた。不愉快そうな顔で客席をねめ廻す。笑い続ける元・乙女たち。なんだそりゃ。私はなんにも言わず落語に入った。その日のマクラは「なに？」

「なんなの!?」の6文字のみ。

超楽チンだな、と思ってたら休憩中にロビーでお客さんに、

「アタマが薄くなりましたねぇ（半笑い）」と話し掛けられた。

アタマ見て笑ってたの？ なんか複雑だ。笑われてたのか。

枕カバーを清潔にしていないと頭皮に悪影響があるらしい。毛根も弱ってくるのか。

そんなこんなで枕とマクラに思いを馳せながら、洗面器に除菌漂白剤を張って枕カバーを浸してみた。カバーからじわじわと汚れが染みだしてくるのがわかる。こりゃいかん

……よし、新しいマクラを考えねばな。と、改めて反省したのだ。

（17年4月21日号）

忖度

今、寄席の高座でも流行ってる『忖度《そんたく》』。噺家が落語で頻繁に使うようになったら、世間的にはすたれ始めだ。ちなみに我々の世界の片隅には、まだ「じぇじぇじぇ」って言ってる先輩もいる。

『忖度』とは「他人の心を推し量ること」。噺家はこれを最初に叩き込まれる。「自分が今なにをすべきか、状況判断しろ、察しろ、空気読め……」。息苦しいっちゃ息苦しい。

ある大御所の師匠と地方公演に行った。

空港で出迎えの主催者・Sさん（40代・男）は悪い人ではないのだが、『忖度』がまるでできない。いつもご陽気にケラケラ笑ってる太った人。愛嬌はある。

S「（ケラケラと）お疲れ様ですっ‼」

大御所「（怪訝《けげん》な顔で）何か楽しいことでもあったのかい？」

S「いえー！　楽しいことなどまるでありませんっ‼」

大御所「……俺が来ても楽しくないかい……？」

S「あ。いや、楽しいでしょうね……期待してますっ！（汗）」

大御所、ややウケ。

一行にピリッとした空気が流れる。Sさん、笑顔と体形で助かっている。親に感謝すべき。

この大御所は無口で気難しい。が、Sさんは嫌いではなさそう。

大御所のお気に入りの店へ。

大御所「チャーハンがうまいんだよ。みんなは何にする？」

一同「チャーハンを頂きますっ！（即答）」

しばらくして味噌ラーメンが一つ運ばれてきた。

S「こっちでーす」

大御所「チャーハン食べないのか？」

S「はい、昨日食べたので、2日続けてはきついです！（笑）」

一行に再びピリピリ感が。

落語会が終わり、打ち上げの席で芸論になった。大御所はお説教ムードに。夜もふけてきて、みんなホテルに帰りたい。若い者同士で飲みたい。自由になりたい。大御所は気づかない。

こんな時はSさんを使おう。空気読まないデブに「王様は裸だ！」と言わせよう。

「Sさん、そろそろここさ（見えないように指でバッテン）」

S「あー。万事《ばんじ》!!　私めが!!」

Sさんは会計を済ませ、大御所はちょっと不服そうだが、みんなの自由のためには仕方ない。Sさん、グッジョブ。

S「ホテルのラウンジを予約しましたので、お話の続きはそちらで‼　ね、師匠っ‼」

大御所「え（笑）、そうかい？　じゃ、しょうがねぇな」

とまんざらでもない丸裸っぷりだ。

ホテルへの帰り道、さんざん皆から「バカだ、気が利かない」とこきおろされるSさん。

「だって師匠のお話、うかがいたいじゃないですか！」

真剣な目をしていたが、いざラウンジのソファに腰をかけると、あろうことか、いびきをかき始めた。

大御所「……S君も眠そうだから、そろそろ引き揚げるか」

翌日、空港まで見送りに来たSさんの手をギュッと握った大御所は一言、「君がいて楽しかった」。「私もです！」と満面の笑みのSさん。気がつくとお爺さんとデブがハグしていた。

余計な『忖度』が身についている我々には何が正解なのかよくわからないが、とにかく楽しそうに生きているSさん。そういえばSさんもいまだに「じぇじぇじぇ」って言う。


（17年4月28日号）

【忖度】　森友学園への国有地売却問題をめぐり、「忖度」が流行語に。

スマート

先日、仕事で駒ケ根《こまがね》に行くため岡谷からJR飯田線に乗った。車内でこの原稿を書こうとガラケーを開いていると（私は原稿をメール作成機能で書いています）、斜向《はす》かいのボックス席で関西弁の70がらみのオジサン3人があーでもない、こーでもないとにぎやかだ。

3人は皆、頭にハンチング帽、茶系のジャンパー、チノパン、トレッキングシューズ、デイパックを膝に抱えていた。一人が携帯片手に「駒ケ根着くの、まだまだ先やで」とかったるそうに、でもちょっと嬉しそうに呟いた。ガラケーで検索したようだ。「つなごか？」「せやな」「飲んどったらあっちゅー間やで」

3人はラベルの剥がれたペットボトルから透明の液体をコップに注ぎ、魔法瓶の中の液体で割ったものに、タッパーに入った梅干しを放り込んで割り箸で崩してカンパーイ。たぶん、いや絶対焼酎のお湯割り。とにかく声がデカい。3人は高校からの友達らしい。名前はシゲチャン、ジブン、キミ、としておく。

傍らではジャージ姿の女子高生が迷惑そうに3人をチラ見しながら、スマートフォンをいじっていた。3人の話題は「孫、可愛い」「安倍、あほか」「年金、少ない」「ピケティ、ようわからん」「病気、怖い」「カミサンも怖い」「昔はよかった」、この辺を繰り返す。酒量と比例して声が大きくなり、語気が強まる。

話題の3周目、とうとう口が回らなくなったシゲチャンが「ま、孫もええけど、め、飯食わすんでも、し、舌が肥えとってなぁ、金がかかってしゃーないわぁ」と愚痴った。ジブンさんがすぐさま「何ぬかしとんねん！　孫なんぞマクド食わして、くら寿司連れてって、玉子焼きだけあてがっとったらええねんっ‼」と吐き捨てた。キミさんは「せや、せや！」。

また女子高生が嫌そうな顔をして、スマホに目を落とす。

キミさんはガラケーをいじり「あと15分くらいで着くわ」。3人は後片付けを始めた。「もう終わっちゃうの？　ずっと3人を見てたい！」と思いつつ、ガラケーを眺めるフリをした。

『スマート』とは（賢い・高知能・鋭い・洒脱）の意だという。その意味では飯田線の3人の織り成す空間はスマートとは対極だ。がさつでやかましく、ちょっと品に欠けて、野暮ったくて、高校生からすれば眉をひそめたくなるだろう。3人が使ってるのはスマホでなくガラケーだ。私もガラケーだ。だからじゃないけど、その「スマートじゃないっぷり」がとても好ましいなぁ、と思った。ナイス・ガラパゴス。

駒ケ根に着いて、ワーワー言いながら降りるオジサンたちの後を追うように私も下車。振り返ると女子高生はホッとしたような顔でスマホをいじり始めた。

「まだ分からんだろうがな、スマートなだけがカッコいいわけじゃないんだぜ。ねぇ、先輩方！」

改札口を抜けると、シゲチャンが「やっぱり、に、に、二階堂《にかいどう》はええね！」とご満足だ。ああ、ペットボトルの中は麦焼酎だったのか。と思ったら、「ぐ、『軍師官兵衛《ぐんしかんべえ》』の、よ、淀君、よかったでぇ」……二階堂ふみを激賞していた。ジブンさんが「広瀬すず、ワシ、好っきゃねぇ、可愛いなぁ（照）」と呟けば、キミさんは「ジブン、そらロリコンやで」と返した。

ガラパゴスオジサンたちは、意外と間口が広かった。

（15年5月1日号）

【スマート】2015年4月、アップルのウェアラブル端末「アップルウォッチ」が発売開始。

相撲

東京で暮らしていると時折、街中でお相撲さんを見かけることがある。その瞬間テンションが上がる。かなり上がる。なんか一日、いいことがありそうな気がする。

先日山手線に乗っていると、秋葉原駅から急に車内に甘い香りが漂い始めた。お相撲さんが乗ってきたのだ。鬢《びん》付け油の匂い。人によっては好き嫌いがあるだろうが、私は好きだ。Ｌａｏｘの紙袋をぶら下げた、ちょんまげの異様にデカい浴衣姿。「あっ、お相撲さんだ！」。乗客が皆、そんな目で凝視している。ジロジロ見たら失礼かな、と思いながら私もかなりちゃんと見てしまった。

「誰だろう？　まだ若手だな。どこの部屋だろ？　……Ｌａｏｘで何買ったんだ？　なんか、ぶつぶつ言ってるよ。独り言？　ん？　あっ、向こう側にもう一人お相撲さん！　二人連れだったのかよ！　こっちの人がデカ過ぎて見えなかった。小さいな、向こうの人。一般人とそんなに変わらないよ。１７０センチくらいかな。俺とおんなじくらいだろ。……俺でも勝てるかな？　……いや、無理だ、相撲とりを舐めちゃいけない。あ、こっちのデカい方は眼鏡掛けてる!!　眼鏡、ちいさ！　いや、顔がデカいのか。つるがこめかみに食い込んでるよ。デカい方、敬語だな。小さい方が先輩か！　先輩、誰かに似てる……誰だろ。……あ、嵐の大野君……似てる気がする……。大野君がちょんまげで浴衣着てる。大野君、イヤホンで何か聴き始めたよ。あ、片っぽのイヤホンをデカい方に渡した。デカい方はなんか言ってるよ。『イイッスね』とかかな。仲いいね。席、空いたのに座んないな。大きいから気ぃ使ってんのかな。えらいね……あ、次降りるのか。俺とおんなじ駅。やっぱりみんな振り向くなあ。そうさ、みんな見てくれ、お相撲さんだよ！ この車内いい匂いするからー。あ、二人がコージーコーナーに寄った。何を買うのか知りたい！ でも乗り換えねば。ああ、さよなら、大野君とデカい後輩！」……ほら、今日はなんかいいことありそう！ ……その日はとりたてて何もなかったけども、まぁいいじゃないか。

浅草の喫茶店で若いお相撲さんが60過ぎと思しき女性と二人差し向かい。離れた席なので会話は全く聞こえないが、ほぼ察しはつく。田舎の母を初めて東京によんでの浅草見物に違いない。いまだに力士になることに反対している父は強がって来ず、お母さんが単身上京したのだろう。「お父さん、最近めっきり老け込んじゃってね……」。そんな会話が聞こえてくるようだ。息子の前にあるケーキがやけに小さく見える。息子よ、早く出世してお父さんに認めてもらえるといいね！ 頑張れ！ ウェイターが注いだお冷やはさながら力水だ。5メートルほど離れた席から、私はエールを送った。……ま、全て想像だけれども。間違ってたらごめん。

お相撲さんは土俵を下りても魅力的だ。髷《まげ》、巨体、着物、その異形感。退屈な日常を

「優しく」壊してくれる。あらゆる場面にお相撲さんが一人いるだけで、誰もが体温が上がるに違いない。想像してほしい。車内に、職場に、教室に、我が家に、浜辺に、国会に……目の前にお相撲さん。いいなぁ、お相撲さん。力士で世界を変えられる、私はホントにそう思う。

（14年7月18日号）

【相撲】２０１４年の大相撲夏場所は、白鵬が29度目の優勝を果たす。

結婚式

私は結婚式の司会が下手です。9年前、知り合いの知り合いから初めて司会を頼まれました。アパートの更新料を払うために安請け合いしましたが、新郎新婦にとっては人生の晴れ舞台、しかも私は初司会。絶対に失敗してはならない。日に日に緊張が増し、前日にはちょっと鬱《うつ》っぽくなりました。落語ならこんなことはまずないのに。「明日、新婦の元カレが新婦をさらいに来ますよーに」と祈りましたが、都合よく元カレなど来ず。会ったことないけど、元カレ。

披露宴が始まり原稿を読めばいいだけなのに案の定、主賓の名前を噛む、言い淀む、間違える。ヨレヨレ。吐きそうになりましたよ。吐かなかったけど。驚いたのは、なんと出席者の中に偶然噺家の先輩がいて、歓談の最中に駆け寄ってきて「代わってやろうか？」と真顔で言われたことです。4回3分の1、被安打8、与四死球3……といった内容の初司会。以来、司会はなんか苦手です。

結婚式での落語も厳しいです。7年前、ある落語好きのカップルから「司会と……余興で落語もお願いします」との依頼。ギャラは司会だけより多く頂けるとのこと、その時は妻の出産費用のために安請け合いしました。初司会の悪夢から2年。私なりの司会の心得は『淡々と、目立たず、慌てず、無理せず、こなす』……かなり後ろ向きなスローガンですが、これで精一杯です。

「私達の好きな落語を是非ご列席の皆様にも知ってもらいたいんです！」と新郎新婦が目を輝かせて言うので、「イイッスね‼　喜んで‼」と答えましたが、考えが甘かったなぁ……。

当日披露宴は順調に進み、いよいよ余興の時間。自分で進行、自分で紹介、「続きまして、新郎新婦の出会いのきっかけとなりました落語を皆様にお聴き頂きます。僭越《せんえつ》ですが、司会を務めます私一之輔が一席申し上げます……」と言って司会席から仮設高座に、なんか間抜けです。

考えてみると、落語好きな新郎新婦はお色直しでその場にはいないのです。いるのは、東京観光も兼ねて田舎から出てきた親戚。久々に再会してテンションの上がっている友人達。名刺を交換中の会社の上司同僚。ニンテンドーDSに夢中のいとこの小学生にオムツが濡れて泣く赤ちゃん。そして黙々と料理を運ぶ式場の従業員。歩き回ってお酌、お酌、お酌の嵐……。

「誰も聴いてねぇ……」

心が折れかけた……けどね、落語好きな二人（そこにはいないけど）のために一生懸命やりました。落語を終え「……いかがでしたか？　……では続いて新婦のご友人から唄のご披露です……」と再び司会を続けることの虚しさたるや……一秒でも早く家に帰りたかった……。

終宴後、着物姿でトイレにいると酔っ払った列席者が口々に「よかったよ〜、笑点出ないの〜?」と話しかけてくるのが、また何とも言えず(泣)……。

なんか、つらいこと思い出しちゃったな。

その時は若さゆえにしゃかりきにやっちゃったんですねぇ。でも今ならもっと上手くやれる気がするんですよ。というわけで近々結婚式が……という方がいたらいかがでしょ? 最近、子供の習い事代がかさんできた一之輔がお手伝いしますよ。ただその時の話は誌面か高座でネタにするかもしれませんが……。


(14年8月1日号)

モーニング

毎週日曜の朝は早起きです。4年前からラジオのメインパーソナリティをやらせて頂いています。

JFN系全国ネット「SUNDAY　FLICKERS」（通称サンフリ）というFM番組で朝6時から2時間半（現在は1時間半）の生放送。3時半起床、5時にスタジオ入り……週1とはいいながら、私にはかなり過酷な週末です。

だから土曜の夜は酒を飲めません。……いや、正直言うと初めは飲んでなかったのですが、始まって3カ月くらいからは日付が変わるまでは飲んでよいことにしました。結果、ほぼ毎週二日酔いです。月に1回は明らかにガラガラ声だったりします。

4年前、前番組が終了することになり、「30代の落語家で番組をやろう、だれでもいいから！」というボンヤリしたコンセプトの下、偶然私に白羽の矢が立ったそうです。いわばシンデレラボーイ。否、シンデレラおじさん。だから午前0時までは飲んでよいのです。

このサンフリは全国ネットを謳《うた》いながら、東京近郊では聴けません。「ラジオやってます」と言うと嘘つき呼ばわりされますが、ホントにやってます。

5時にスタジオに入ると、まず私はコーヒーを飲んで「あー！　眠たいっ！」と叫びます。それからスポーツ紙を斜め読みして、じゃがりこを食べて、ADさんが買ってきてくれたコンビニおにぎりに「ツナマヨしかなかったのかよ！」と悪態をつきながら、それを頬張り、食べおわった頃に番組がスタート。

パートナーの番井《ばんい》奈歩《なほ》さんとは生放送でたびたびマジ喧嘩をします。だいたい私が悪いのですが、主な原因は「あなた（一之輔）は人の話をちゃんと聞かない！」という人間としての最低限のことだったりします。

開始第一声、私が「今日もやらなきゃダメ？」と言ったら「当たり前だろ」と無表情に言い返された時もかなり険悪な雰囲気でした。だからリスナーには番井さんの味方が多いようです。

リスナーも変わり者が多いです。常連のラジオネーム「高校教師」さんは20代数学の先生。この人は仕事に全く情熱がなく、陸上部の顧問を渋々させられています。いつも試合が中止になるよう雨が降るのを祈ってたり、「どうしたら辞められるか」ばかり考えているダメな大人です。

私が「女子生徒をいつも舐めるように見つめていれば、自然に辞める（辞めさせられる）方に向かうのでは？」とアドバイスしたところ、翌週に「先週の放送、寝過ごして聴けませんでした。今日も試合で憂うつです」とメールを送ってきました。

日曜の早朝からパーソナリティの不毛な喧嘩やリスナーとの無意味なやりとりを生放送。なんだかんだで愛聴者がいて、4年も続いています。不思議です。

今更ながら、「東京で聴けない全国ネット」でホントによかった。自由さが違いますから。実は昨年、「ＴＯＫＹＯ ＦＭでネットするかも！」ということになりかけたのですがご破算に。出演者・スタッフ一同、ホッと胸を撫で下ろしました。

「ネット局拡大より自由を」

聴きたいと思ったけど、ネットしてない地域にお住まいのあなた！　手段はいくらでもあります！　自分で勝手に調べて辿り着いてください。親切さは微塵もない番組なもんで。日曜の朝にお会いしましょう。

（14年9月19日号）

【モーニング】日曜朝のラジオ「ＳＵＮＤＡＹ　ＦＬＩＣＫＥＲＳ」、２０２２年3月現在は汾陽《かわみなみ》麻衣《まい》さんが番組パートナーを務める。

プライド

先日、長崎で私の独演会がありました。落語はそこそこウケて、打ち上げで機嫌よく一杯。宿泊先のホテルのベッドにバタリと倒れ込んで、寝入ってしまった夜中の1時半です。

明かりを消さず、眼鏡も掛けたまま寝てしまった私。ふと目を覚ますと、天井にヒビが入ってます。真っ白な天井に直径10センチほどの大きなヒビが。

「あ、天井が割れてる。んぁ～……じゃねぇ！　く、蜘蛛！　蜘蛛！　蜘蛛！」

どっから入ってきたのか、普段目にしないような、かなり大きい足の長い蜘蛛が天井の目立つ位置に張りついています。

蜘蛛は微動だにしません。虫嫌いな人ならフロントに電話して部屋を替えてもらうくらいの『存在感』。「ここは私がツアー会社に予約させた南向きのツインルームだ」と言わんばかりの泰然自若ぶり。

先ほど取り乱した自分を恥じ、私は奴をただじっと見つめていました。先に動いたら負けのような気がしたのです。

「ここは俺の部屋だ。独演会での俺の熱演に対する主催者からの対価だ。決してお前みたいな虫けらのものじゃない。出ていけ」と目で訴えました。

私にも人としての『プライド』があります。蜘蛛一匹にジタバタしたら人が廃ります。

睨み合い（相手も睨んでたはず）の最中、私は酒のせいもあってまた眠りについたようです。

２時間ほど経って、再び目を覚まし、天井を見上げると、奴の姿がありません。「勝った……」。正直、ホッとしました。人類代表としての務めを果たしたな、と。奴は私の眼力に恐れをなして、すごすごと逃げたのだろう、と思いつつふと目を落とすと……隣のベッドの上に奴が居ました。

「ヴオイっっっすっ⁉」

驚きのあまり叫び声が偶然にも「ＶＯＩＣＥ⁉」に！

まさかの接近戦に持ち込んでくるとは。しかも隣のもう一つのベッドまで迫ってくるとは、お前は俺を誘ってんのか？

二人でベッドに横になりながら見つめ合ってみましたが、奴の心の内が全く読めません。

私たちは近づいたらいいのか、離れたらいいのか……。自分からアプローチするのは、なんか辛抱堪らずがっついてるみたいで私の『プライド』が許さない。

追い払うべきか、放置するべきか、自ら去るのを待つべきか。

気にしないように振る舞っても、つい気になってしまう。寝ようと思っても、眠れない。ドキドキ脈は速くなるばかり。隣のベッドの彼女が気になって気になって……。

とうとう朝になりました。眠い目で彼女を見つめると、彼女も同じように目を真っ赤に腫らしていました。まんじりともしなかった様子です。

シャワーを浴びて髭を剃り、出発の時間がきました。彼女のことが気になるものの、飛行機の時間が迫っています。

私は振り返ることなく、ドアノブに手を掛けました。少しの気配を感じてベッドを見ると、そこに彼女は居ません。不思議に思い、目をこらせば床に這いつくばって、「また逢えるよね、私たち……」、そう言うように、彼女の目は赤く潤んでいました。男のつまらない『プライド』で一匹の蜘蛛に切ない想いをさせてしまったことを、今更ながら悔やんでいる次第です。

先生、私は病気でしょうか？

（14年11月21日号）

引っ越し

去年の11月に弟子をとりました。初めての弟子です。「まだ俺は若いし、このままいくか分からないよ。俺自身この先どうなるか見当つかないんだわ」と言うと、「かまいません！」と返されました。……いや、そこはかまえよ、そこは。なんかフォローとか、ないかな……「師匠は大丈夫っすよ！」とか言われてもイラッとするけど。

正式に弟子となり、少しして急に引っ越してきました。フットワーク軽いなぁ、若いなぁ。

住み込みの内弟子は無理なので近所から通うことになったのですが、引っ越し先が我が家から50メートルほどのアパート。

「なんか、近すぎやしないか？」

「たまたま見つけたもので」

「……お互い気まずくないか？　近すぎて……」

「いえ、べつに私は……いけませんか？」

「……いや、べつに俺もいいけど……」

気ぃ使うなぁ……酔っ払って立ちションもできないよ。なんで師匠のほうが気を使うんだ。ぶつぶつ……。

閑話休題、話は変わりますが陰毛ですわ。変わりすぎだ。

あいつらもかなりフットワーク軽く、まえぶれもなく引っ越してきやがります。然るべき所に居りゃいいのに、「ちょいとおカドを通りかかりまして〜」みたいにピョコリと顔を出す。くねくねしてて強張ってて押しが強いし、引っ越しの挨拶もなしに「いや、だいぶ前からここに居ましたし」みたいな厚かましさ。もうちょい奥ゆかしさが欲しいな。

では新春ですし（なにがだ？）ここで『私が発見した驚くべき陰毛の転居先　ベスト5』を発表させて頂きます!!

まずは次点『部屋の片隅』……大掃除前には大量の埃《ほこり》に包まれて「こんなに集まって陰毛から新しい生命体が生まれるのか！」というくらい。綿ぼこりは陰毛のアパートメント。

第5位『寄席の楽屋の座布団の上』……目線を落とせば白いカバーの上にピョコ。出番順を見れば持ち主はほぼ特定できます。着替えるからね、その時落ちるわな。たまに白髪あり。

第4位『テレビ画面の液晶』……ちょうど某アイドルの頬っぺにくっついてるように見えました。静電気のイタズラっ子！

第3位『折り畳み式のガラケーの間』……携帯を開くと『3』『5』『7』のボタン

を斜めに橋渡しするように挟まってた！　思わず「ビンゴ!!」と叫んだよ。一体どうやって⁉

第2位『久々に開いた「落語全集」のページの間』……しおりかよっ!!　古本なので誰のモノか分からないから、昭和初期の苦学生のかもしれないね。ありがたく……ないよ！

第1位『赤ちゃんの手のひら』……母親の胎内はとても居心地がよいそうな。引きずり出される瞬間に、外に出たくない一心でお母さんからひっこ抜いてきたのでしょうか？　だとしたら物持ちいいなぁ、赤ちゃん。

してみりゃ、陰毛と弟子は似ている。あれば自分が大人になったような気がするし、なかなかに気恥ずかしい。目を配らなきゃいけないし、いっそのこと居ないほうが楽。でも写し鏡のように自分の成長を確認できるモノでもあるし……不思議です。

思わず弟子を陰毛に例えてしまいました。すまん、弟子。俺なら怒るなぁ……。

（15年1月23日号）

【引っ越し】築地市場から豊洲への移転が2016年11月に決まるも、土壌汚染対策を含めた安全性への懸念などから移転延期に。

第四章 はやってるのまくら

マイナンバー

先日、上野鈴本演芸場の楽屋で柳家小三治師匠とご一緒した時のことです。

落語協会・前会長で人間国宝の小三治師匠が私の顔をジーッと見つめて、

師匠「お前さんは日大の出身だったな？」

私「え!?……はい！　そうですが、何かございましたか!?」

師匠「……じゃあ、アタマはいいな？」

この問いに「はい！　もちろんです！」とは言えませんわな。

私「……いえ、あまりよくないですが……」

師匠「（無視して）ちょっと聞くけど、マイナンバー制度ってなぁ、どういうもんなんだ？」

私「……マイナンバー……ですか？」

師匠「最近、話題になってるだろう？　マイナンバーってのは一体なんなのか教えてくれ」

寄席の楽屋は大部屋で、周りには他の芸人、前座さん、小三治師匠のマネージャーさん……大勢が私の方を注目しています。

答えねば。的確に国宝の発する問いに答えねば……。

私「国民に12桁のナンバーを振り分けるそうですね……」

師匠「ほう……何のために？」

私「……いろんな役所の手続きや業務を……ナンバーで一括にして……わかりやすく、やりやすくするためですかね……？」

師匠「……ですかね？」

私「……です」

師匠「……です？」

私「……だ（じゃないな！）……だ、だす‼」

我ながら「だす」ってなんだよ。風大左衛門《かぜだいざえもん》か？「いなかっぺ大将vs.人間国宝」？

師匠「ま、お前さんの言うそれくらいはわかるんだけどな」

そのあと、楽屋で侃々諤々《かんかんがくがく》。小三治師匠はマイナンバー制度の問題点を語って、憂えてましたよ。よく知ってんじゃん、否、ご存じではないですか……マイナンバー。

とにかく評判よくないマイナンバーですが、私は「番号で人間を管理しやがって……」とか別にどうでもいいんですけどね。

でもさ、あんなもん絶対流出するでしょ？　その後始末の手間を考えたら、役所の人たちもかえってめんどくさいんじゃないかな？

こっちはこっちで簡易書留でカードを受け取るの億劫だし、もらってもカードをなくしそうだし、数字も覚えられないし。カード再発行とか、考えるだけでめんどくさい。あ、家族の分のカードも管理するのか。子供たちに首からぶら下げてろ、とは言えないしなあ。なんだか将来的に、お互い凄く厄介なことになりそうな気がします。

マイナンバー、ウキウキしないんですよね。ナンバー配るなら、全員を対象に一年に一度「マイナンバー宝くじ」とかやったらどうでしょう。防衛費上げるくらいなら、戦車1台分の賞金が一人に当たるとか。当選者が名乗りでなかったら、次回に繰り越し!!盛り上がると思うけどなぁ。ダメかしら?

自分だけ賄賂《わいろ》とかもらってないで、行政の人にはこっちも少しはウキウキさせてもらいたいよなぁ。

カード、一枚一枚上戸彩が配りにくるとかさ。いや、無理なのわかってますよ。無理なのわかってるけど、そんな夢みたいなことも言いたくなるほど不安な感じですよ、マイナンバー。

アタマよくなくてもわかるわ。


（15年11月20日号）

十代目柳家小三治師匠は2021年、逝去されました。

選挙

私は「出口調査」というヤツが嫌いです。過去に一度、投票後に「お時間いいですか？」と声をかけられたことがあります。

「急いでいるんで……」

と断りました。ホントは急いでなかったけど。言えるかよ！　そんな大事なコト！　だってそうでしょう。さっきまでアルミ板の厳重な仕切りの間で、不正がないよう何人もの監視員に見守られながら、誰の目にもつかないようにコッソリ書いてたコトを、なぜ初対面の赤の他人のアンちゃんに自らホイホイと打ち明けられましょうか？　平気でできる人は露悪趣味です。

そもそも「出口調査」って何のために、誰のためにあるのかがわかりません。一晩かけて開票すれば結果出るんです。そんなに一刻も早く当選者を知りたいものかな。「開票率0％で当選確実」って……そんなの開票係のおじさんたち（おばさんも可）の士気に関わるのではないでしょうか？

「これからやる俺たちの仕事はタダの確認作業？　答え合わせでしかないわけ？」っておじさんたち思わない？

ま、開票作業場にテレビはないと思いますが、行き過ぎた出口調査のせいでせっかくの「選挙特番」がなーんかつまらなくなってると思うのです。

何度も言いますが「開票率0％で当選確実」って……。

「もうちょっと夢を見させてやってくれよ！」と言いたい。どんなに強いレスラーだって多少は相手の技を受けて見せ場を作るはず。

「万々が一の番狂わせが」とか「勝負は日付をまたいでからだ！」とか「ひょっとしたら、俺への票だけ投票箱の底にかたまって沈んでるのかもしれない……」とか。

淡い期待を胸に一晩中テレビにかじりつく喜びを、有権者や候補者に残してもらいたいなぁ。過剰な「出口調査・当確スピード化」のせいで、選挙がのんびり楽しめない昨今であります。

焼酎の水割りセットを傍らに置いて、「あーでもない、こーでもない」と言いながら夜通し見たいのです。

あとね、ごく稀《まれ》にありますが、当選確実のバラが咲いたはずの候補者が、万歳三唱していた数分後に「やっぱり間違いでした」と天国から地獄へ逆さ落とし、選挙事務所はカーニバルから一転お通夜に突入……みたいな光景は正直、嫌いじゃないです。大好物。

1989年の、橋龍さんがタバコくゆらせながら、

「ちっくしょう……」

とつぶやいたシーンなぞ、熱燗《あつかん》とスルメを片手に大人になってから見たかった。

事務所の上座に片目のダルマさん。「○○君へ　内閣総理大臣△△より」と書かれた

激励文。無数の派手なのぼり旗。無数の修正過剰なポスター。地味めのスーツを着た候補者の妻……。不思議の国・ニッポンの見慣れた風景が今年もやってきます。
とにもかくにも、投票に行かなきゃそれも楽しめませんから。うがった視点でもいいから、投票したほうがいい。選挙に行きましょう、皆さん!!
なんて無理やりメてみたけど、やっぱり「選挙」というどこか滑稽なお祭り騒ぎはワクワクします。野次馬的には年1回くらいあると生活にハリが出るのにな。不謹慎を承知で申し上げる次第です。

（16年7月15日号）

【選挙】２０１６年７月、参議院議員選挙の投票が行われ、自民・公明両党、おおさか維新の会ら、憲法改正に前向きな勢力が改憲発議に必要な議席を獲得。

金メダル

オリンピックで金メダルをとると、その後の人生が大変だ。当然だが、周囲からは「金メダルまでとったんだから」「金メダルをとるような人が」という目で見られる。

「金メダリストが車内で痴漢撃退‼」となると「さすが、金メダル！」となり、「金メダリストがスーパーで万引き‼」となると「金メダルまでもらっといて何してる⁉」となるだろう。

当人からすれば「いや、金メダル関係なくね⁉」と言いたくなるに違いない。見て見ぬフリができないのは金メダルによるものでなく、ふとした出来心は金メダリストだってある。良いこととしても、悪いこととしてもつきまとう、金メダルの呪縛。

金メダリストの再就職先というと指導者・解説者、専門外だとタレント・政治家……だろうか。金メダリストの専門外の「再就職」はどこか据わりの悪さを感じる。何のために政治家になったのっていう人もいるし。

カート・アングルというアメリカのプロレスラー、この人はアトランタ五輪・レスリングの金メダリストだ。アマレスからプロに転向し大活躍した。

アメリカンプロレスはキャラ設定が明確だ。アングルはもちろん金メダリストの超大型新人。だがメチャクチャなヒール（悪役）で売り出した。金メダリストなのに悪いヤツ。

アングルは首からいつも自慢げに金メダルをぶら下げている。みんなあんたが凄いのは分かってるんだから、わざわざ自慢しなくても……。つーか、家にしまっとけよ。マイクパフォーマンスでは「君たちはボクのような金メダリストと試合できるのを光栄に思いなさい」みたいなことを偉そうに語る。レスラーには珍しく一人称が「ボク」(日本語訳だけど)。なるほど優等生は「ボク」っぽい。そのくせ、反則や奇襲攻撃も平気でする。たまに自慢の金メダルを奪われて半べそをかく可愛い一面も。三枚目的要素も持ち合わせている。

不遜でスゴく嫌なヤツなんだが、試合になれば見事なスープレックスで観客を魅了する。「やっぱり金メダリスト、やりよる！」とみな感心する。

でも最後にはセコい反則で勝ち、金メダルを首にかけて逃げるように退場。観衆は「YOU SUCK!!」の大合唱だ。

一般的には金メダリストとして模範的な振る舞いを求められるはずなのに、この背徳《はいとく》感《かん》。金メダリストなのに「クソ野郎」と罵られる。カート・アングル、気持ちいいだろうなぁ。

一方、観客も《金メダリスト＝成功者》への羨望《せんぼう》・嫉妬……単純に言うと「あんまりいい気になってんじゃねーぞ」という、普通は口にしづらい思いをためらうことなく吐き出せる。結果的に観客は、プロレスラー・アングルのパフォーマンスに対して称賛の拍手を送るのだ。

お互い、とても良い関係だ。金メダリストという経歴を最高に生かした「再就職」ではなかろうか。

あと、まるで関係ないが五輪メダリストと、笑点メンバーの師匠方がバラエティー番組に出てるときの空気感って、なんか似てる気がする。「成し得た人」。でも、軽くイジってもいい人」を扱う感じが、なんか似ている気がする。面白がりつつ、気をつかう。メダルと座布団、どちらも扱いが難しい。

（16年8月19日号）

【金メダル】競泳の男子400メートル個人メドレーで萩野公介が優勝、リオデジャネイロ大会での日本人選手初の金メダル獲得。

ノーベル賞

ストックホルムでノーベル賞の授賞式が行われる。ノーベル賞の知識はほぼゼロな私が、ノーベル賞について語りたい。やってやれないことはないのです。

ストックホルムはたしか北欧のどこか……スウェーデンだっけか？　リレーと福祉とフリーセックスの国。北だし、かなり寒いはず。なにも寒い時に、寒い国でやらなくてもいーんじゃないか？　飛行機は大丈夫か？　雪で止まらないか？　みんな風邪ひかないか？　せめて夏場にやればいいのに。とにかく心配。

今年はボブ・ディランだ。まさかまさかの文学賞である。

何がまさかって、ボブ・ディランってまだご存命だったとは!?　私は黒人のチリチリの、ねじねじの髪の毛の、ノリノリの人かと思ってたのだが、あれは別人だそうな。ホーナーでもサップでもなく、ディラン。

なんでも「フォークの神様」らしい。杉下茂（中日）ではない方の。日本で言うと……南こうせつ？　フォークの知識ゼロな私を許してください。とにかく「アメリカの南こうせつ」がノーベル文学賞ということだ！

で、そのこうせつ（米）になかなか連絡つかなくてノーベル賞の人たちがオカンムリだったらしい。電話？　メール？　手紙？　どんな手段で連絡をとろうとしたんだろう？

こうせつ（米）ならいい人っぽいから、アポなしで行っても会ってくれるよ。「愛想なしですいません」と、薄っぺらい座布団と薄いお茶の一杯も出してくれそう。

たぶんこうせつ（米）の家の電話の受話器が上がってたんじゃないかな。ずーっと話し中。受話器が上がっていても、こうせつ（米）は気がつかなさそう。

もしくは長期のツアー中だったのか？　アパートの大家はさぞかしヤキモキしたろうな。郵便受けはノーベル賞からの手紙が溢れ、電話は鳴りっぱなし。

「あんた、どこ行ってたの⁉」

「あ、大家さんっ！　家賃はもうちょい待ってくださいっ！」

「そんなことじゃないよ！　あんた、ノーベル賞だよ！」

「へ？　ノーベル賞⁉　私、まだ食べたことない！」

「バカーっ！　早く先方に電話しなさいっ！」

……なんてひょうきんなやりとりがあったに違いない。

そんな中、こうせつ（米）は先約があるので授賞式を欠席するという。義理堅いこうせつ（米）は、先に入った営業を優先させる。「やっぱり男だな！」と思ったが、実は違うんじゃないか。

きっとスウェーデンの寒さにビビって、家で布団にくるまっているに違いない。マフラー代わりの赤い手拭いだけでは、石鹸もカタカタ鳴るほど凍えてしまうだろうし。同棲相手のパート代でオーバーを買うには間に合わないし。若い二人にそんな余裕はないはず。

だから授賞式は暖かい季節がいいと思うのです。こうせつ（米）のためにもよろしくお願いします、ノーベル賞の中の人。

あと来年は村上さんにお願いします。やっぱりスウェーデンとノルウェーは隣同士で仲が悪い（イメージ）からもらえないんでしょうか？

追記　さっきボブ・ディランの画像を検索したら井上陽水の成分が強めだったので、文中の「こうせつ」を全て「陽水」に、授賞式に行かない理由は「傘がない」からに訂正します。

（16年12月16日号）

【ノーベル賞】2016年のノーベル文学賞は、アメリカのミュージシャンで作詞家のボブ・ディランが受賞。

○○ファースト

『○○ファースト』って、ちょっと口に出してみたくなります。なるけど、口にしてる人に遭遇したら「なんだかな」と思っちゃう絶妙な軽さのフレーズです。

こないだ山手線で「俺は断然『俺ファースト』だな！」と言ってる高校生男子がいましたが、セカンド殿馬みたいな顔でした。

「都民ファースト」「アメリカファースト」……わざわざ声高に叫ばなくても、都知事だったら、アメリカ大統領だったらそりゃそうだろと言いたくなるのは意地悪でしょうか？

「僕は『落語ファースト』なんで、大喜利の仕事や結婚式の司会はしません‼」とか言う若手噺家……いるかな？　そういう人に限って落語は大したことないです。たぶん。

先日の山形の独演会、主催者との打ち上げ。老若男女8人。私以外はヤマガタン（山形の人）。「他県に負けないところは？」と聞いてみました。

ヤマガタン（男性・50代）「さくらんぼとか有名で、県外にはバンバン売れてますけどね。私らそんなに食べませんしね。こないだ、県外の友達をさくらんぼ狩りに案内したんですけど、正直私も初体験でした」

私「将棋の駒はどうですか？」

ヤマガタン（女性・30代）「子供の頃、将棋の授業があったなー。でも、ほらあの、四級の子、凄いねー!!」

藤井聡太四段（当時）のことを指してるみたいだけど、ヤマガタンは将棋に思い入れはないようす。

私「米沢牛は？」

ヤマガタン（男性・30代）「高くて手が出ませんっ!!」

じゃあしょーがない。

ヤマガタン（女性・50代）「やっぱり、芋煮かな」

するとあちこちから「そうだった！」「それがあった！」「忘れてた！」の声多数。

私「い、芋煮？　はぁ……」

正直地味だな……と聞いていたら、さにあらず。ヤマガタンの芋煮にかける情熱は、東京都民のオリンピックへの想いより20ゲーム差はつけて上!!

「毎年『日本一の芋煮会フェスティバル』ってのがありまして、直径6メートルの大鍋に3万食の芋煮を作るんです！　ショベルカーが芋煮を掻き混ぜるところ、一之輔さんにも観てもらいたいな!!　鳥肌モノですっ!!」

皆、目を輝かせています。

「そのために年に1台、重機を特注するんですよ！　潤滑油《じゅんかつゆ》には機械油じゃなくて食用油を使うんです!!　どーですかー!?」

どうですか、と言われても……すげーね。

その後、ヤマガタンたちは「サイコーの芋煮の具材は何か？」で議論を始めました。私は置いてきぼり。悔しいので「大根は入れないの？」と聞くと、みんな口を揃えて、「そんな野暮ったいものっ‼」と総攻撃を食らいました。「芋煮」がそもそも「粋」な食べ物かどうかはさて置き、ヤマガタンは芋煮命のようです。

シャレに「皆さん『芋煮ファースト』ですね？」と聞けば、「いーや、『ファースト』とか言ってる時点でダメだから‼（キッパリ） 芋煮の前に芋煮なし、芋煮の後に芋煮なし。来年は芋煮の季節に来てよ‼」とその場でスケジュールを押さえられ、ありがたい限り。

里芋のような丸い澄んだ目のヤマガタンの皆さんの血管には、芋煮のだし汁が流れているんだな。来年が楽しみです。でも、なぜ大根はいかんのだ？

（17年6月30日号）

【○○ファースト】アメリカのトランプ大統領候補（当時）は「アメリカ・ファースト」、東京の小池百合子都知事は「都民ファースト」を連呼、「○○ファースト」が2017年の流行語大賞のトップテンに。

インターネット

「これからはインターネットの時代だよ」

私が大学1年の時だろうか。何かの授業で、先生が言ってたような気がする。

あれから20年ほど経ったが、ホントに先生の言ったとおりになった。こんな私もインターネット師匠がいないと生きていけない。さっきも「3代目あばれはっちゃく」を演じていた役者さんの名前を教えてもらった。インターネットは知識の泉だ。

しかし、よく考えると私は今まで自分のパソコンを持ったことがない。かみさんと付き合ってた頃から、彼女が購入したパソコンで、なんとなくインターネットさんと戯《たわむ》れている。

最初はオレンジの蛍光色のiMacという奴だったか。見た目は可愛いインターネットだった。撫でると曲線が気持ちよかった。でも運んだら重かった。「インターネットの奴、重いんだな」と思った。

そのあとかみさんは数台、ノートパソコンを買い替えた。全て無個性なかんじだった。愛嬌のないインターネットたち。このあいだ我が家に新たなデスクトップって奴がやってきたが、かなり武骨なルックスだ。でも運んだら軽かった。インターネットもずいぶん軽くなったものだ。インターネットたるもの、こんな軽くて大丈夫なんだろうか？

心配になってくる。

ガラケー愛用者の私は「スマホにしないんですか？」とよく聞かれるが、「壊れるまで使いたいのです」と答える。まだ動くものは処分しづらいのだ。あと、パカッと開くタイプじゃないと電話してる気がしない。それにガラケーでも立派にインターネットに会える。しかし、かなりノロい。電車の乗り換え検索するのになかなか結果が出ず、イライラしてガラケーを上下に振ってしまうくらいだ。振っても無駄なのは重々承知している。でも振る。長い付き合いのガラケーには伝わるんじゃないか。熱く訴えればインターネットはわかってくれると思う。

　そういえばＷｉ－Ｆｉなるものを、ついこないだまで「ウィー・フィー」だと思っていた。後輩に指摘され恥ずかしかったが、それがどんなものなのかは聞けなかった。気が小さい。

　今までかみさんが手弁当で作っていた私のホームページを、プロのデザイナーさんに新しくしてもらうことになった。「ご予算は？」と聞かれたので「どれくらいかかるもんなんでしょう？」と返せば「〇十万円から、というかんじでしょうか」……けっこうなギャラをとるんだな、インターネット師匠は。

「高いですね」と言う代わりに「おー……なるほど、やはりインターネット、ブイブイ言わせてますねぇ」と知ったような返事をすると、デザイナーさんも「そりゃもう、かなりなインターネットの時代ですよ……いちのすけさん！」と返してきた。

やはりインターネットの時代なのだ。今や飛ぶ鳥を落とす勢いのインターネット。ぜひこれからもおごることなく精進していってもらいたい。

ところで『インストール』ってなんだ？　ちょっと温かそうだな。『ダウンロード』ってどこの裏通りだ？

わからないことはインターネット師匠に聞いてみよう。器の大きな師匠だから「迷わず早く聞いてこいって!!」と優しく教えてくれるにちがいない。

（15年10月30日号）

○活

先日、居酒屋へ行くとテーブルに来たのは、推定47歳、瘦せた色白、薄い頭髪、「はいっ！　喜んでーっ‼」と言うわりにはあまり精気がない男性店員さん。胸の名札には『ムラさん・山梨出身・趣味はスキューバＤ・婚活中』と書いてました。

あだ名を名札に記す（もしくは記させる店の）感覚、ダイビングをＤと略す違和感とその容姿とのギャップはとりあえず脇に置いておくとして。

「ムラさん、婚活中なんですか？」と尋ねると「ええ、まぁ、できれば結婚したいですねぇ」との曖昧《あいまい》な返事。「どんな婚活を？」「いえ、バイト忙しくて、これといって何も……」。してねーじゃん、婚活。

『○活』という言葉は口にしやすくてお手軽な感じです。

「嫁さん欲しい、独りで一生を終えたくない……」って漠然と思ってるだけでも、「婚活中っす」と言えば「頑張ってね！」ということに。「働かなきゃなー、でもめんどくせー」とウダウダしてても、「就活中なんす」と言えば周りから「大変だねぇ、不景気だから」と返され。

反対に「保活してます」と言われて「いい保育園見つかるといいですね」などとぼんやりと返すと、「子供預けられないと働けないんですよ！　どこでもいいから入れたいんですっ！（怒）あー、どんだけ待機すればいーんですかーっ‼（泣）」と怒り心頭の人も。この方の場合、並大抵の『活』ではないわけです。

このように『○活』というくくり方のせいで切実感が薄れて、当人は必死でも、相手には伝わらないということもあります。『活』の使い方、難しい。

以前、「朝活で落語を聴きたい！」という丸の内のサラリーマン・ＯＬ向けの落語会に出たことがあります。朝７時30分から１時間の独演会。こんな朝早くから落語なんて眠たいわ、口は回らないわ。聴く方も半分くらい居眠りしてると思ってましたが、さにあらず。皆さん早朝からよく笑う。質疑応答でも、メモを取りつつ、鋭い質問が飛び交いました。『朝活』なんてライトな響きに騙されてました。『朝活』、実は熱い。

「婚活寄席」という落語会もあったそうです。結婚したい男女数十人がともに落語を聴いて、終演後の打ち上げと称するパーティで親交を深める企画。

落語をやってる最中、会場中にソワソワしてる空気が充満し、噺家が打ち上げに参加しても誰もかまうことなく、鬼の形相で伴侶《はんりよ》探しを続ける男女たち。……はじめに落語聴く意味はあるのでしょうか？　『婚活』、かなり死に物狂い。

「死ぬほど心がキュンとする、萌える」＝『キュン死』『萌死』というそう。物騒な『死』という文字でコトの大きさを表す時代。「『○活』なんてお気楽な言葉でくくってもらいたくないね」って人は『○活』の代わりにこんなのはどうでしょう？

「死ぬほど結婚したい」＝『婚死』。「死ぬほど朝から元気に動く」＝『朝死』。死と活は隣り合わせだもの。

他にも『○飢餓』『○枯渇』『○滅私』『○極限』『○血眼』『○入滅』『○渇望』……。

日本語って奥が深い、難しい。

でも全て投げ出す覚悟で何かに取り組んでいる人は、自分で「私、○活中」って言わないんですけどね。誰かがくくりたがるんですよね。

（15年10月23日号）


【○活】就職活動を略した「就活」以降、「婚活」「終活」「妊活」「朝活」「菌活」など、さまざまな○活がブームに。

空き家

うちの近所には空き家がたくさんある。

高齢化にともない、どの地域でも問題になってるらしい。身寄りのない独り暮らしのお年寄りが施設に入ったり、亡くなってたりしてそのまま放置されてしまうケースが多いという。寂しいことだ。

先日もそんな内容の話をでかい声で長男としながら「ほら、この家もそうだ。荒れ放題だろ？　しばらく誰も住んでないはずだ！」とツタのからまったボロ家を指さすと、その家の主が2階から睨んでいた。あらら、新しい人が住んでたのね……ごめんなさい。

一昨年、落語の仕事でスロバキアに行った。スロバキアっていったら、そらぁもう遠いのだ。一生に一度、行くか行かないか。当たり前だ。どちらかだ。でも行かない人のが多かろて。

首都はブラチスラバ。声に出して言いたい首都だ。スリ・ジャヤワルダナプラ・コッテ（スリランカの首都）にはかなわないけど。ブラチスラバっ!!　気持ちいいな。

一般の市民対象に古典落語を字幕付きでやった。反応は『まあまあ』だ。笑う人もいれば、笑わない人もいる。寝てる人もいれば、恐らく現地の言葉で「ママ、帰ろ～よ～」と駄々をこねる子供もいた。つまり浅草演芸ホール的なかんじ。スロバキアまで行ってそんな感想はやだな。まぁ、盛会のうちにお開き。

打ち上げは現地の方、日本大使館員、あと肩書はわからないが在留邦人が数名。ワインを飲みながらワーワーと。
私は一人の肩書不明男子と宴会の隅の方で話していた。いや、話したくて話したというより二人とも自然と隅に追いやられてきたかんじだ。綿ぼこりみたい。正直もっと女子と触れ合いたかった。
男同士、他愛ない話をした。いつ忘れてもよいような、ぼーんやりした話。
私「長いんですかー？　ブラチは？（したり顔で略してみた）」
Aさん「15年くらいです。大学を卒業してすぐ来ました」
私「あ、ほぼ同い年だ……生まれは？」
A「○○です（忘れた）」
私「へー。お仕事何やってるんですか？」
A「○○です（覚えてない）」
私「へー。大変そう（うわの空）。日本でのお住まいはどちら？」
A「豊島区です」
私「あ、一緒だ。最寄り駅は？」
A「西武池袋線の○○です。わかります？（あえて伏せます）」
……わからいでか。一緒だった。

私「……どの辺です？」

A「○○商店街の△△という炒飯がまずい中華屋さんの斜向かいの、1階が□□という店の2階のアパートです。わかります？（あえて伏せますよ）」

私「わかりますよ！　うちのすぐそばだもの‼　ちけーなー。そんなコトってあるのねー」

A「大家さんがかなり高齢だったんですよ。今、どうなってますかねぇ？」

私「ツタからまってボロボロですよ。空き家ですな」

A「そうですか……ちょっと寂しいなぁ……」

Aさんの名前も肩書も、なーんにも覚えてないけど、私はいま猛烈に『あなたの住んでたアパート、まだ誰か住んでますよ‼』と教えてあげたいのです。そして『今も△△の炒飯はビシャビシャで食えたもんじゃないですよ‼』とも。

（15年7月10日号）

【空き家】２０１５年、倒壊の恐れや衛生上問題がある空き家について、市町村が所有者に修繕や撤去を命令できる空き家対策特別措置法が施行。

熱狂を食い入るように見ていた

ちょっと前のはなし。帰宅すると妻と9歳の長男がＡＫＢ総選挙の中継を食い入るように見ていた。

「初めて見たけど面白い！　めっちゃ熱いっ！」だそうな。私は早くご飯が食べたかったが、しばらく付き合って見ていた。

画面の中の人たちはテンションが高い。祭りだ。37歳の疲れて帰宅したおじさんは唐突に祭りをぶつけられ、おなかは減ってるのに胃がもたれた。

順位発表を受けてのメンバーのコメントに「イイネっ！」と思った視聴者は投票というかたちで参加できるという。長男がリモコンを使って、ガンガン投票する。投票の際のピコピコ音がちょっと耳障り。あのお姉さんたちはお前の倍以上生きていて、魑魅魍《ちみもう》魎《りょう》うごめく世界で必死に生きているんだ。お前ももっと頑張れ。まず宿題をやれ。漢字を書き取れ。風呂入って寝ろ。と思いながらご飯を我慢する。

第1位の発表、ヤフオクドームに集まった観衆は『熱狂』の渦の中。私のご飯はまだ釜の中。

徳光さんが「第1位っ！　さしはら、りのーっ!!」と声を上げると、長男が「やったーっ！」と声を上げた。いやいや、ちょっと待ってくれ。2位が発表された時点で指原が1位って分かってたのに「やったー」ってなんだよ。なんなんだ。

……何が言いたいかというと、実は息子が羨ましい。テレビ画面に向かって、こぶしを握りしめて「頑張れっ！」と言えることが。父はしばらくそんなことしてない。最近だと大学2年の時、6畳一間のアパートで甲子園での松坂大輔を応援してそれきりだ。最近が松坂。17年前。あー、イチロー出てた、誤審があったWBC（うろ覚え）もちょっと燃えたかも。松坂の前は……巨人が近鉄に3タテくらった後に4連勝した日本シリーズか。あの時、長男と同じ小学生だ。それにしても全て野球ってどうだろう。

　翌日、池袋演芸場の喫茶店で遅いモーニングを食べてると、70がらみのおじさん二人が日刊スポーツの1面を眺めながら、

「いやぁ、たまたま初めて見たけどなかなか面白いもんだよ」「柏木さんがいいね、性格良さそうで」「2位だったね」「次回は投票してみようかな、どうしたら投票できるのかな」

　と言いながら、スマホで投票の仕方を検索し始めた。

　なんて微笑ましいんだ。私も人生もう一周すればあんなかんじになれるのだろうか。

　数日後、同じ喫茶店で同じ二人組のおじさん。ちょっと寂しげ。テーブルの上には週刊文春。

「やっぱりねぇ」「若いんだもん、仕方ないよな」「それにしても、こんな写真誰が撮るんだろうね！」「同行者か知り合いか、関係者かね」「売ったのかね、金のために……」「い

やだね」「ああ、いやだね、許せんなぁ」「いや、柏木さんは悪くない。悪くないけど、知りたくなかったよ」「誰なんだ、テゴシって?」「誰でもいいけど、知りたくなかったよ! ホント知りたくなかったっ!(怒)」
スキャンダル記事でせっかくの『熱狂』の芽を摘まれたおじさんたち。今まで日本を引っ張ってきたおじさんたちが、なにか見えない大きな存在にまだまだ熱く腹を立てている……37歳の自分が冷めてる場合じゃないな、と思いながらホットコーヒーのおかわりを頼んだ。

(15年7月3日号)

【熱狂】2015年6月6日に開かれたAKB48の「第7回選抜総選挙」。投票総数は約329万票だった。

ＯＮとＯＦＦ

休日をどうやって過ごしたらよいのでしょう？　落語家はＯＮとＯＦＦが曖昧なもので、休みでもついつい仕事のことを考えてしまい、本当に休んでるとは言い難いことがしばしばです。

吉永小百合さんがＪＲの熟年向け旅行プラン「大人の休日倶楽部」のＣＭに出てらっしゃいます。素敵。あんなホリデー羨ましいなぁ。でも吉永さんはＣＭの中で休んでる体だけど、仕事中なんだよなぁ。『休んでるさまを仕事として演じる』……他人事ながら、なんか複雑です。

ある後輩の噺家が「兄さん、こんな所に行ってきました！」と晴れ晴れしい顔で写メを見せてくれました。

液晶には『女将劇場』と手書きの看板。「女将さんがパフォーマンスを見せてくれる宿が山口の湯田温泉にあるんです！」

ブレまくった画像の中ではおかっぱ頭のおばさんが『何か』をしてます。「よくわからないよ」「笑い過ぎてブレました。とにかく動画検索してください。決して損はさせません!!」

ということで『女将劇場』で検索。無数の動画が!!　観てみました。サイコー。

テレビでも紹介されていて、知る人ぞ知る女将劇場。『西の雅　常盤《ときわ》』の女将さんがほぼ一年365日舞台（ホテルの宴会場）に立ち、満員のお客様（入場無料）の前で1時間以上のパフォーマンスを繰り広げているそうです。

和太鼓・ハンドベル・マジック・空中浮遊・水芸・ラインダンス・殺陣《たて》・獅子舞・琴の早弾きなどなど。従業員を従えて、八面六臂《はちめんろっぴ》の大活躍。ちなみに芸はかなーり粗い素人っぽさが前面に出たモノです。

客席からは初めは苦笑・失笑が洩れていますが、そんなことお構い無しに女将は芸の合間にベタな洒落を飛ばし、客いじりをし、次から次へと衣裳を替え、汗だくで舞台を飛び回ります。

圧巻は『なぜかとりあえずビシャビシャになる水芸』『なぜかX　JAPANのヨシキばりにトランス状態になって、髪を振り乱しながら叩きつけるように掻き鳴らす琴の早弾き』『なぜか網タイツでティラノサウルスの頭をパカパカさせる獅子舞』『なぜか網タイツにダース・ベイダーの被り物での立ち廻り』……。

無限の「なぜ？」が頭の中を埋め尽くしますが、そんなことどうでもよくなってくるんだなぁ。だって女将さんが一生懸命なんだもの。エンジン全壊、もとい全開。アドレナリンが出まくってお客さんもしまいにゃ女将の手のひらの上です。

聞けば名物の少ない土地柄、少しでもお客を呼ぶために始めたとか。もう何十年も続いてるそうです。女将70歳、若女将も後を継ぐべく修業中とのこと。

ライブで観なければ！　女将劇場は浴衣着て、ビール飲んで、温泉入って、身体をふやけさせて、まるで受け身でスポンジみたいな状態で身を委ねねば！

バリバリのスイッチONにはふにゃふにゃのOFFで臨みたいですね。凸と凹がカチッと噛み合う時に、明日に向けての新たな何かが生まれる気がします。

吉永小百合さんと女将さんは同年代。完全にOFFの吉永さんが『女将劇場』を観てなんとおっしゃるか、聞いてみたいものです。大人の休日倶楽部に、是非とも『女将劇場』を。山田洋次監督・吉永小百合主演で女将の半生を是非とも映画に。

（15年6月5日号）

投資

このコラムの週刊朝日連載時のタイトル「ああ、それ私よく知ってます。」とは裏腹に、今回のお題は本当によく知らないんですよ。人間知らないことは正直に「なにそれ？」と言ったほうがいい。今までの私は間違ってました。ごめんなさい。

これから私の無知をひけらかしますから、そのつもりでお願いいたします。笑わば笑え。

「川上（本名）、今、オーストラリアドルがいいらしいよ」。先日、ある先輩にそう言われた。

困るなぁ。そんなこと急に言われても。日本の通貨は円なんだ。俺、日本人だし。これから先もそのつもりだし。「『いい』って、何がいいんですか？」と聞くと、先輩はいやらしい顔して「儲かるんだよ〜、オーストラリアドルは〜フフ（微笑）。いいぞぅ、オーストラリア〜」。

それを聞いて「この人は馬鹿なのか？ 日本人のくせに何言ってんだ？ バリバリのアジア面ひっさげて何がオーストラリアだよ」と思ったよ。

私にとってオーストラリアといえば「コアラとカンガルーのデカい島」だ。有袋類がその辺にうようよしてる、ラグビーとクロコダイル・ダンディーと馬鹿デカい一枚岩の

ある、松方弘樹が世界を釣りに行く、マーライオンの国、それがオーストラリア。(注・最後のは違う国らしい)
なんとオーストラリアの通貨はドルなんだそうな。初耳だ。怪しいな。本当にドルなのか？　アメリカでもないのに。ちなみにカナダもドルだとさ。あと、ニュージーランドも。
なんだ、けっこうドルじゃんか。じゃ日本もドルにすればいいのに。全世界、ドルにしたら楽ちんじゃないかな？(経済に関しては小学生以下です、怒らないでください)
この件に関して先輩から一通り説明してもらったのだが、ちんぷんかんぷんだった。「あぁ、くたびれた……お前に持ちかけたのが間違いだったよ……今の話は忘れてくれ」だとさ。はは、褒められた。褒めてないよ。「忘れてくれ」と言われたのでほとんど覚えていないのだが、ようは儲け話だったらしい。お金でお金を儲けるということらしい、ばかりで申し訳ない。「お金でお金を買う」？　みたいなことを言っていたような……気がする。
駄目だろ、そんなことしちゃ。怒られるよ。誰に？　ん～、偉い人に。それが、偉い人もやってるらしい。かなり儲かってるらしい。らしいらしい。
『買う』というのはお金を使うことだろ？　なのにお金が入ってくる。ということは、どこかで誰かがその分損してるんだろう。ものを買ったわけでもないのに、お金が懐から出ていくなんて……やだなぁ。

行ったこともないのに、好きでもないのに、円が欲しいのに、オーストラリアのお金を買うのはどんなもん？　聞けばアンコ嫌いなのに大量に小豆を買う人もいるらしいじゃないですか？

人類はもうだいぶ長い年月、そんなことをしているそうな。怖いなぁ、人類。お金は欲しいけどさ、怖い儲け方はごめんこうむるよ。

幼い頃、近所の婆ちゃんは「欲しい物だけ買うの。金が欲しけりゃ使うな、働け」って言ってた。お小遣いくれるときは「これは投資だから（笑）」とも言ってた。

オーストラリアドル、小豆、俺。期待されても無理なときは無理だけど、少なくとも婆ちゃんは俺のことを好きだった。らしい。

（15年5月8－15日号）

アニメ

おっさんになると、ドラマにせよ漫画にせよアニメにせよ、連続物や込み入ったストーリーにはよほど気を入れて臨まないとついていけないです。ぼんやり一回でも見逃すともうダメ。

おっさんは『マッサン』を2カ月で挫折しました。溜まりに溜まったＨＤＤレコーダーを見ていく気力は、もうないです。

1話完結。単純明快。なまじ台詞なんかないほうがさっぱりしてていいな。アニメだったら『トムとジェリー』。毎回「ネコがネズミを食べたくてしょうがない、でも食べられない」だけのお話。

まるで仕事がない二つ目時代、ケーブルテレビでこれと吉本新喜劇ばかり観てました。すさんだ心をやんわりと包んでくれるお約束のオンパレードはとても胃に優しかった。「トム、やめとけよ‼」「トム、そっち行ったら危ないって‼」「トム、少しは学習しろ‼」、心の中で突っ込みを入れつつ、はじめはニヤニヤと観てました。

トムは賢いネズミのジェリーに翻弄されて、踏んだり蹴ったり、びよよーんと伸びたり縮んだり。でもトムの奴、ホントからだ張ってんだよなぁ……えらいよ。応援したくなるじゃない。

そのうちに「トム、まじで頑張ってくれ……」と心から願う自分に気づきます。「俺ならこうするのに」→「俺が手伝ってあげられれば」→「なんで俺んとこに相談に来ない⁉」という心の流れ、まるで一途に恋に突っ走る友人を見ているかのようです。「トム＝『101回目のプロポーズ』の武田鉄矢」みたいな。


トムに感情移入しすぎて、ジェリーを嫌いになりつつある自分に気づきます……。

「あんなに頑張ってるんだから耳の端っこくらい齧《かじ》らせてやったっていいじゃないか、ジェリーっ‼　そもそもルックスが愛くるしすぎるんだよ。しかも自分が可愛いってわかってるふしがあって、なんかかんじ悪い‼　時折する上目遣いは誘ってるようで鼻につくしっ‼　……でも体のラインは色っぽいような、幼児体形のような、不思議ななめかしさが……あ……たまらないかも……トムの気持ちわからなくもない……」

あれ？　嫌いなようで自分もジェリーに惹かれつつあるのではないか？　友人が惚れた人を好きになりつつある、自分。

「あんなネズミ、もうほっとけよ……トム……」

テレビ画面に、そう声をかけようとしている自分に下心はないのか？　自問自答しているうちに苦しくなってきます。

今日もトムが失敗して、少しホッとしている自分に自己嫌悪。二人（匹）がちょっと仲いいそぶり、いわゆる仲良く喧嘩してるのを見ればイラッときたり。つらければ見なきゃいいのに、つい見てしまうんですよ。一体、私はこの二人（匹）にどうなってほしいんだろうか……。

よく考えたら……仲間に入りたいんだな、私は。一緒に仲良く喧嘩したいんです、二人（匹）と。トムと恋の鞘当て（本当は恋じゃないけど）をしてみたい。トムとジェリーを奪い合ってみたいんだ！　来世でいいから誰か『トムとジェリーと、時々イッチー』みたいなアニメを作ってくれないかなぁと切に願います。

こないだ「口の周りを血だらけにしてジェリーを貪り食うトム」の夢を見たけどアレはホント堪《こた》えたなぁ……。

（15年3月13日号）

【アニメ】アニメの舞台になったロケーションをファンが訪ねる聖地巡礼が、新たな観光資源として注目を集めるように。

断捨離

今の世の中には『断捨離《だんしゃり》』が溢れすぎて、とても危うい。もしも昔話の登場人物が『断捨離ズム』に溢れすぎていたらどうだろう。

昔々、ある所にお爺さんとお婆さんがいました。お爺さんは山へ柴刈りに、お婆さんは川へ洗濯に行くと、川上の方から大きな桃がドンブラコと流れてきました。「あ、美味しそうな桃やんけ！」。お婆さんは思いましたが、老夫婦が食べるには大きすぎます。

それにお爺さんから「うちに入ってくる要らない物は断たなあかんで‼」と耳にタコができるくらい聞かされているお婆さんは少しノイローゼ気味でした。「持って帰ったらお爺さんから何をされるか分からへん！」

お婆さんは我慢して、桃を見て見ぬふりをしました。日々、自我を抑えすぎのお婆さん。その膨れ上がった欲求を発散すべく、近所のスーパーで必要のないペットフードを万引きしゴミ捨て場に投げ捨てると、今日も無機質なデザイナーズマンションに帰っていきます。めでたし、めで……たくない‼

息が詰まる！　お婆さんに桃拾わせてあげようよ！　そしてなぜ関西弁？

『断捨離』、恐るべし。

昔々、ある所に猿に親を殺されたカニがいました。復讐《ふくしゅう》を誓った子ガニは毎夜頭をひねっていましたが、いい計略が浮かびません。

ある日のこと、戸を開けると家の前に栗、臼《うす》、蜂《はち》、牛糞《ぎゅうふん》がたむろしてました。

「誰だよ、こんなもの置いていったの⁉　嫌がらせかよ！」

親ガニの躾《しつけ》がよかったのか、子ガニはこれらをそうそうに分別してゴミの日に出しました。牛糞は公園の花壇へまきました。蜂は飛んで逃げていきます。

花壇のチューリップはすくすく育ち、その花に蜂がとまりました。蜂はその花に、どこかで会ったことがあるような気がしましたとさ。めでたし、めで……たくないなぁ……。

子ガニ、空気読めよ。たしかに牛糞に来られてもたじろぐけどさ。最後ちょっといい話っぽくなってるし！

『断捨離』、無情なり。

昔々、浦島太郎はいろいろあって竜宮城でもてなされていました。帰りがけに乙姫様は、

「これ……あたしだと思って大事にして……」

と浦島太郎に玉手箱をくれました。浦島太郎は、それを売りに近所の古道具屋に行きました。店のじいさんは玉手箱を見て、

「お兄さん、竜宮城行ったね？」

と呟きました。

「なんでわかるの⁉」

「乙姫の奴、誰でもいいんだよ。亀に芝居させて男とっかえひっかえ。土産の玉手箱が噂になってなぁ。……ま、何でもないわい……へへ、毎度ありがとう」

外に出た浦島太郎は店の裏に巨大なガスタンクを見つけました。それには『触るな危険』と書いてあります……さて、このタンクには一体何が？　エピソード2に続く‼

めでたし、め……でたくないから！

なに？　エピソード2って！　乙姫ってビッチなの？　タンクの中、老けちゃう煙でしょ？　それで何するのよ⁉

『断捨離』、それは魔法の呪文。唱えるだけでスッキリするけど、うちのお婆ちゃんが言ってた、

「もらえるもんはもらっとけ」

これもなかなかステキと思う、今日このごろです。

（14年12月26日号）


【断捨離】余計なものを捨てる、片づける整理術、断捨離術がブームに。

流行語ダメ

今年の流行語大賞はやはり日本エレキテル連合の『ダメよー、ダメじさん）と朱美ちゃん（ダッチワイフ）の真似をしています。

ダメ』でしょうか。よくうちの6歳の次男と4歳の娘が、細貝さん（お流行語を落語に放り込む噺家はけっこういます。登場人物に「今でしょ！（by林先生）」とか言わせたり。どうかすると演者が立て続けに4、5人「じぇじぇ！」と言ったり……かなり閉口ですが。

流行語ってバリエーションが豊富。これを使わない手はないので流行語だけで落語にしてみました。

八五郎「隠居さん、こんちわ！　フォーッ！」

隠居「八っつぁんかい？　びっくりしたなーもー」

八「驚いた？　分かっちゃいるけどやめられないんです！」

隠「お前さん、いきなりむちゃくちゃでござりまするがな。相変わらずC調だね。アッと驚くタメゴローだ」

八「あっしは八五郎じゃあーりませんか、間違えちゃダメよー、ダメダメ」

隠「あっそう。記憶にございませんでしたな、すんずれいしました。今日はなんかようかい？」

八「恥ずかしながら遊びに参りました！　くうねるあそぶしてる？」

隠「私ぁ今、忙しいんだ。ＫＹだね、お前さん。じゃ、ちょっとだけよ。お茶どうぞ。お・も・て・な・しはもみじまんじゅー！しかないけど」

八「チョベリグ‼　贅沢《ぜいたく》は敵だっちゅーの。でも、これ大きいですね」

隠「ワイルドだろ？」

八「ええ、大きいことはいいことですよ」

隠「私は甘いもんにモーレツに目が無くて、コレで会社を辞めました」

八「じぇじぇじぇ⁉　聞いてないよ～、どんだけ～？」

隠「過去の話さ。私は元々アプレだった。どげんかせんといかんと思って、とらばーゆしてな。でも会社をクビになって、はい、それまでヨだ。今は銀ブラばかりでファジーな毎日だよ……」

八「へぇー、インド人もびっくりだね。人に歴史ありだ。でもまだ景気悪いね」

隠「ま、涅槃《ねはん》で待つしかないな。欲しがりません、勝つまではだ」

八「なんとか金をゲッツ！したいけど……」

隠「世の中、なめたらいかんぜよ。貧乏人は麦を食え。祈るしかない、神様仏様稲尾様だ」

八「稲尾様って誰？」

隠「アジャパー⁉　知らないの？　一億総白痴化《はくちか》も極まれりだな。かつての名投手、そのプレーにはみんな感動した‼」

八「……あんた稲尾のなんなのさ？」

隠「ナンデアル？　アイデアル」

八「訳わからないね……読者は激おこプンプン丸ですよ！」

隠「梵天丸もかくありたいよな」

八「……もう帰ろうかな」

隠「ヤンキー・ゴー・ホームだ！」

八「帰るよ！　当たり前田のクラッカー！」

隠「そこ閉めてってもらえるかな？」

八「開けっ放しなのも何かのタタリじゃー！」

　さて、全国のモボモガの皆さん。流行語がいくつあったかわかったら編集部までどうぞ！　正解者には「バッチグー！」という言葉を差し上げます。はっぱふみふみ。ばいなら。

（14年11月28日号）

【流行語】この年の「新語・流行語大賞」の大賞は、「ダメよ〜ダメダメ」と「集団的自衛権」だった。

ダイエット

「今、わたしダイエット中なもんで……」

そう口にする人がどことなく得意げなのはなぜだろう？

ダイエットしていると、どうも気分が高揚して前向きになるらしい。過多だった体重がちょっとでも減ると、人間嬉しくなってくる。どんどん減らしたくなる。テンションが上がる。『ダイエッターズ・ハイ』だ。

そのテンションに「俺、今痩せつつあるからさ、シメは冷麺にしとくわ。あ、ハーフでね。しかしまぁ、あんた夜中によくコムタンクッパ食うねぇ。それじゃ一生小太りのまんまだよ」などとのたまう、上から目線の者もいるから、どうにもこうにも呆れ返って屁も出ない。

なかには「痩せた方がいいですよー」「ランニング、楽しいですよー」とか、こちらを誘ってくる輩もいる。

大きなお世話である。

痩せて自信がつき始めているのか、やたら自分の方に話を向けたがる。こっちも意地悪だから、「でも、見た目じゃ分かりにくいねぇ」なんて言うと、目を三角にして、「そうですか！（怒）でもひと月で1・5キロ痩せたんですよ！」と返される。

デカいうんこならそれくらいの目方あるだろうが。

ダイエットが趣味だと言う女性に、「痩せる必要ないじゃない。十分スマートじゃん」。思ったまま素直に言うと、「そんなことないです！　脱ぐと大変なんですから！（照）」……知ったことか！　じゃあ、今ここで脱いでみろ。である。

やだやだ。毎朝毎晩、体重計に乗って今日は何グラム減った、増えたと一喜一憂するなんて、健全な人間のやることじゃない。好きな時に好きなもの食えばいいじゃないか。話は変わるが、私はお菓子のカールが好きだ。カールを食べながらゴロゴロするのが至福。

先日、家内が「あなた、それはちょっとやめたほうがいいと思うの」と、はかなげに言ってきた。健康を考えてかもしれないが、亭主の楽しみを何だと思ってるのか！

張り倒してやろうと思ったが、いやまてよ。たまには女房孝行するのも一興か、と思い直し「はい、今までゴメンね。やめます」と男らしくカールを断ってみた。

「油ものと炭水化物を控えてみたらどうかしら？」。手を合わせて懇願してくる。唐揚げに銀シャリをやめろなんて、男をやめろと言ってるようなもんだ！　図々しいアマめ。追い出してやろうかと思ったが、涙を浮かべて頼んでくる。

女に泣かれちゃ仕方ない。「うん、了解！　ご飯は半分にするね！」と百歩譲ってやった。

「お酒飲む時も、あっさりした肴《さかな》よ、お願い」「できるだけ、歩いて帰ってきてね」「毎日体重計に乗ってね。あなたのことが知りたいの」「それをグラフにするととても見やすいわ、手数だけどお願いします」

ったく、誰のお陰で飯食ってると思ってんだ！　あれやこれやといけしゃあしゃあと!!　ふざけるなよ!!!　っていう顔をしてやったのだが、身体は自然と動いてた。なんでだろう。

そんなこんなでわがままに付き合ってやってたら、ひと月半で5キロ痩せた。なんでだろう。

先月、スポーツジムの入会手続きをしてきた。なんでだろう。よく考えてみたら、結論が出た。

「今、わたしダイエット中なもんで……」

（14年11月14日号）

ハワイ

ハワイ。聞くところによると、ずいぶんいいところらしいね、行ったことがないけど。

行きたいかって？　……うーん、どうしようかな。

だって暑いんでしょ？　赤道とかいう線に近いんでしょ。紫外線、体によくない。色白が売りだから、俺。二の腕とか、雪の女王（観てないけど）ばりに白いから。

マカダミアナッツ、よく「ハワイ行ってきたんで」ってくれるよね。あれ食べ過ぎると吹き出物が出来て困るんだよ。歯触りが癖になるね。それにしてもマカダミアって何？

ダイヤモンドヘッドってのは山でしょ？　名前、カッコいいね。頭硬そうだね。大木金太郎みたい。でも名前なら「鋸山《のこぎりやま》」のが数段カッコいい。房総半島、暴走族、鋸山。

ハワイなんか目じゃない。ワイキキより九十九里。シーワールド、ブラボー。

この間、池袋西口駅前広場でフラダンスのコンテストやってたけど、あれ困るね。ついつい立ち止まって見ちゃう。露出が多い衣装でクネクネ踊ってるから「おやおや、昼から、まあ！」なんてテンションで見ようかと思いきや、あの微笑みのせいでまるでいやらしい気持ちになれないね。微笑みはささやかなエロぐらい軽く打ち消すんだなぁ。新しい発見。

あと、かき氷のブルーハワイ、ブルーがブルー過ぎ。淡さが足りないよ、ベロ真っ青だよ、病気になったかと思うよ。注文するけどね、ブルーハワイ。男の子の色だね。屋台の前でベロ見せあってる男子は馬鹿そうだ。

ロコモコ丼て最近よく見るけど。ご飯の上にハンバーグのせて、その上に目玉焼きのせてるやつ？　ハンバーグは男のフェイバリットアイテム。でも俺、ハンバーグにはおろしがいい年なんだよね。ロコモコ、惜しいな。

ウクレレって、ギター買えない人のもの？　小さいし、安いのかな。バイトを週3から週4にすれば手が届くのに、その手前で諦めちゃう人のための楽器？　音色にあまり主張が感じられず（あくまで私感）、ハワイなわりにけっこう奥ゆかしいね。

音楽の授業で唄ってた「南の島のハメハメハ大王」好き。教科書の中のコミックソング的な存在、子供に人気。でもハメハメハ大王、学校嫌いの子供らを甘やかし過ぎ。『風が吹いたら遅刻して、雨が降ったらお休みで〜、ハメハメハ〜♪』。ハメハメハ、言ってる場合か！　梅雨なら全休だよ！　世継ぎはちゃんと育てなきゃ。

子供の頃、「アメリカ横断ウルトラクイズ」出たかったなぁ。『○×泥んこクイズ』、あの泥はなかなか日本じゃ出せない味。見た目ビーフシチューみたいな泥。一度でいいからあの泥に飛び込んでみたかった。でも司会はやっぱり福留さんだね。

ま、ハワイに関する情報はこんなところ。縁と時節が合えば一度くらい行ってみたいかな。

今、気になってウルトラクイズのウィキ調べたら『泥んこクイズ』はグアムだって。間違えちゃった。ごめんなさい。私の中で『ハワイ』がそれぐらいの重さしかないのは否めないので、これからハワイにはより一層の奮起を願いたい。

でもハワイとグアムはどう違うんだろう？　『箱根』と『湯河原』みたいな？　『ざる』と『もり』くらいの違い？　ウィキで調べてみっか。

（14年8月22日号）

ファッション

現在、私は全国独演会ツアー真っ最中なんですが、毎回冒頭に私服でオープニングトークをしています。先日終演後にアンケートを読むと「私服が残念」「つーかダサい」「着物じゃないと誰だか分からないしオーラのかけらもない」など忌憚《きたん》のなさ過ぎるメッセージの数々。……いや、皆さんのおっしゃるのはごもっとも。私、私服にあまり気を使わないんですわ。いや、使おうかと思ってるうちに、なーんかめんどくさくなって、どうでもよくなっちゃう。

まず買い物が苦手。店員さんの「なにかお探しですか？」……ほっといて‼ 洋服屋にもホテルの『ドント　ディスターブ』みたいな札ないかなぁ。首から掛けるよ、『ほっといて』って。

試着も苦手。気が弱いので、試着して買わないのはストレス。ズボンの裾上げも「足、みじか！」とか思われてそうで恥ずかしい。いや、短いんだけどね。

結局、中学生の時のように、頼んでもないのに母親がファッションセンターしまむらで買ってくる服を文句言いながら着るほうが、私には気楽なんですよ。

4月から『酒とつまみと男と女』（BSジャパン）という飲み歩き番組をやらせて頂いてるのですが、こんな中坊な私になんとスタイリストがつきました。高山という若いが押しの強い、ガサツなオリーブ（ポパイの恋人）みたいなかんじの女性。なるほど、やはりプロは私が絶対選ばないような服を薦めてくる。「これ、僕が着ても大丈夫……?」。高山さんは間髪入れず「大丈夫です!!」。恐る恐る袖を通すと……なるほど、大丈夫のような気がする！「似合う?」「う……似合ってます！」。多少の間が気になりますが、まぁよしとしよう。

気に入った服は買い取り可能とのこと。そうか、ここで買えばいいんだ！しかもプロが選んだ服だ、自分が選ぶより数段おしゃれなはず。「買うよ、このズボンいくら?」「6万円です」「……6千」「万です」……絶句。「Tシャツは……」「2万3千円」。おい高山、2万3千円あれば江古田駅前のファッションパークベベで何十枚Tシャツが買えることか。言ってやりましたよ、「高ぇ」って！そしたら高山「一之輔さんの落語のギャラいくらですか?」だと。関係ないじゃん!! 言葉を濁しながらも「……○○円くらいかなぁ」っつったら「高っ！」だと……。「そんなことない、安いほうだ！」って言ってやったんです。そしたら「おんなじことですよ！」と高山が怒鳴った。

……なるほどな。価値とはまず己が決める、その価値に納得する人が買うのであって、門外漢が自分の価値を押し付けてはいけないのだ。俺もこのTシャツと同じなんだ……。若き高山から一つ教わった。

後日、高山先生から「誕生日プレゼントです」とそのTシャツを頂きました。でもなんか着られないんだよ。これ本当に洗濯機で洗えるの？　ネットに入れて柔らか仕上げで大丈夫？　部屋に飾っておこうかな……。
遠巻きにシャツを眺めつつ、皆が「納得のお値段だね」と頷く噺家にならねばなぁ
……と首まわりの伸びきったファッションパークべべのシャツを着て思う私なのです。
追伸　高山、俺の誕生日は半年先だ。誰と間違えてんだ。またなんかくれ。

（14年7月11日号）

携帯電話

某年某日、週刊朝日編集部ご一行様が私の高座を観に上野鈴本演芸場へやって来ました。前夜、「お前、つまんなかった」との理由で執筆者変更になった上、編集長の口座に20万円振り込まされる（罰金？）という悪夢をみたので必死でやりましたよ。「じゃ、お近づきに一杯」ということで私と週刊朝日編集部のメンバー、総勢5人で食事会。一次会でかなりゴキゲンな編集長を残し、一人減り二人減り、担当のO氏まで帰ろうとしたので妙な胸騒ぎがして無理矢理にO氏を捕獲。二次会半ばでわかりました。……そういうことか。読者の皆さん、本誌編集長はちょっと酒癖が「不自由」です。便利なコトバだな、「不自由」。

さてさて、この原稿は御徒町の行きつけの喫茶ルノアールで携帯電話を使って書いています。しかもガラケーでメールにシコシコ打ち込んでいるのです。大の男がガラケーを両手に握ってウンウン唸ってるのはいかがなものか、と思いますが電車の中でもしばしば。少し前までは7人掛け座席の乗客全員が携帯を手にしてると「おいおい、ビンゴだよ。世も末だね」なんて思ってましたが、なんかもう麻痺してきましたね。文庫本を読んでる人の方が珍しいくらい。

皆さんは何の気なしに近くの人の携帯を覗いてしまうことがありませんか？　ないかなぁ？　私はラッシュの時など、つい見えちゃった液晶画面に「えっ、なにこれ⁉」と心を揺さぶられることが多々あります。記憶に残ってるのは、サラリーマンの待ち受け画面が蓮舫議員だった時（似てる人?）、ＯＬの待ち受け画面が着物姿の北の富士勝昭だった時。真っ昼間からイヤホンしてエロ動画を鑑賞しているおじさん。ＮＨＫの「テレビ体操」のレオタードお姉さんを凝視してるおじさんもいたなあ。こっちの方が業が深い気もしますが。新入社員風のＯＬさんが某巨大掲示板の「入社三日目にして辞めたくなってるヤツ」スレッドを死んだ魚のような目で眺めてるのを見た時は、後ろからギュッと抱きしめてあげたくなりました。捕まるからしないけど。

最近は字の大きい「らくらくホン」の普及で中高年のみなさんのメールの文面が大変読みやすくなりました。否、目に入りやすくなりました。「今から帰ります　お母さんより」と送った木野花さん似の女性が、返信を受けて、「お母さんにも都合があります！」と打ち返してたり。若い女性を連れた宇津井健風の紳士が「いま、こおりやま」と巣鴨駅に停車中に送信してたり。矢崎滋さん似のサラリーマンが「重ねて平にお詫び申し上げます」という文面に土下座絵文字を添えてたり。その矢崎が5分後には異なる誰かに「もちろんだにゃー♡」と送ってたり。

相手や前後のやりとりはわかりませんが、いろんな人間模様を夢想させてくれます。いや、決して読もうと思って読んでるわけじゃないんですよ。目に飛び込んでくるんだな。しかたなし。

只今、ルノアールに入店して4時間半。ブレンド一杯に日本茶一杯だけで延々ガラケーを握っている男を見て、バイト実習生の女の子はどんな人間模様を夢想してることでしょう。ギュッと抱きしめてほしいっす。

（14年5月23日号）

【携帯電話】内閣府が発表した消費動向調査によると、２０１４年度の世帯あたりのスマホ普及率は54・7％、ガラケーは73・7％。

中毒

こないだ私の弟子が食中毒で入院しました。

弟子が朝になっても我が家に現れないので、「黙ってバックレか。仕方ない。去るもの追わず」とあきらめていると、携帯に留守録が残ってました。

再生すると「貝を食べたら蕁麻疹《じんましん》が出て、今病院で点滴を打ってます。朝、うかがえません……」とのこと。「昨日食べたアワビが悪かったんだと思います」とも。アワビ……好きだ。

「俺はカレー食ってたのに、なにお前は優雅にアワビなんか食ってんだよ!!」とメールを送信しかけましたが、なんとも大人げない。そこはグッとこらえて、

「お前がなまじあたったりするとアワビさんに迷惑がかかるから、意地でもあたるなっ!! それが気遣いってものだ!!」

と師匠として、芸人のあるべき姿を示しておきました。芸の道は厳しいのです。そして前座が食べていいのはアサリまで!! 前座のうちからアワビなんて食ってたら面白い噺家になれるわけがないっ! ぷんぷんっ!!

まー、自慢じゃないですが、私は食あたりをしたことがありません。昔、噺家仲間8人で飲んだとき、私以外は全員あたってしまいました。皆、2、3日どうにもならなかったらしい。

どうやら原因は私が注文した「カツオのたたき」。皆は一切れずつ、私は何切れもバクバク食べたのに、私だけ無事。美味しかったなぁ。後日、後輩が、

「兄さんは丈夫ですねー（半笑い）。うらやましいですよー」

と讃えてきた。なんか私が鈍いみたいじゃないか。「ちょっと待て」と言いたい。

腹を据えて、正面から向き合えば、ちょっとくらい糸をひいたカツオだってあたらないのです。要は心持ちですよ。中途半端な思いでカツオのたたきに臨んでもらいたくないもんだ。

……でも無理はしないほうがいいけどね。

食の『中毒』はないですが、やめられない・とまらない『中毒』はけっこうあります。

私の中毒をいくつかあげると……。

まず「サワークリームオニオン味」。なんすか、あれは。味の黒船来航。サワーって！どんなスナックでもこの味には勝てん。ご飯にかけたい。

次は「フィルムケースの匂い」。なんすか、あれは。あの石油っぽいケミカルな香り。ポリ袋に入れてずっと嗅いでいられる。ご飯には合わないけど、好き。

「投票用紙のシットリヌメヌメした書き心地」。なんすか、あれは。2B鉛筆の芯を受けとめるあの柔肌感。官能的です。箱に入れたらすぐ開く感じもエロチック。

あとは王道ですが「耳掻き」。なんすか、あれは。気持ちよすぎ。我が家では常に耳

搔きが手の届く所に置いてあります。

お気に入りは小さなドスをかたどった、鞘から抜くと刃先が耳搔きになってるもの。鉄製ですが、酷使しすぎて刃先が折れてしまい、耳の中へ入ったまま出てこなくなったときは生きた心地がしませんでした。

たばこ吸わない代わりに私には耳搔き。ああ、どんなに搔いても外耳炎にならない丈夫な耳が欲しいのです。

というか、耳の持ち主があんなに心地よいのだから耳のヤツはいかばかりか。最終的にもう私は人間でなく、耳になりたい。「私は耳になりたい」。貝と耳、似てるけどえらい違い。

（17年6月9日号）

第五章　思ひ出のまくら

思春期

齢（よわい）、39。最近、白い鼻毛が生えるようになってきた。鏡で鼻の穴をのぞくと、左右に常に1、2本の白髪の鼻毛。毛抜きで抜くが、すぐに捨てるのはもったいない気がして、それをしげしげと見つめる。半透明の美しい白。洞窟の漆黒の闇から彷徨《さまよ》い出てきた妖精のようだ。クリオネのような愛らしさ。白くなることで、鼻毛は清潔感が8割増しになる。オッサンになるのも悪くない。

耳毛も生えるようになった。入り口付近の小高い丘に、産毛より濃い黒の毛。これも毛抜きで抜く。こちらには美しさは感じず、すぐにポイ。あれって生きていく上で必要かしら？

順番だと次は陰毛に白髪だろうか。いよいよ、という感じだ。

下腹部からの、初めての発毛は中1の夏だった。

「えっ！　もうかっ!!」

新芽を見てそう思った。突然アイツは現れた。気付いた時には1本の頼りない縮れっ毛が、1センチくらいの長さに。前触れもなしに急に現れやがった。そういえば2、3日、目を離した。その隙を突かれたようだ。

たった1本のそれを見て、私は焦った。同時にちょっとイラついた。急に出てきて「もっ、きみ、大人だよ」みたいな顔されても、こちらは納得できない。お前ごときに大人と子供のラインを引かれたくはない。ふざけんなよ、ちん毛。俺はお前のあやつり人形じゃない。

　だから、思い切って抜いてみた。私の下腹部は元の更地になった。毛をフッと吹き捨てて、

「まだ大人になんかならないぜ」

　と強がってみたが、今思えば大人になるのが怖かったのかもしれない。翌日、

「昨日ちん毛が生えてたので抜いてやった！」

　と得意げに友人に話すと、

「まずいんじゃないか？」

　と眉をひそめる。友人いわく、

「最初に生えたちん毛を抜くと、二度と生えなくなるらしいよ」

　そんな馬鹿なことがあるか。

「お父さんが言ってた。『そういうもんはなるようになるんだから、むやみやたらに触ったりしないほうがいい』ってさ」

　友人の落ち着きはらった言い様が、私を不安に陥れた。

「ひょっとして毛生え薬が必要かもしれない……」

　夏の中1男子は馬鹿だ。半信半疑のまま、毛生え薬の新聞広告を読むと、とても子供

の手の届く価格ではない。

その日の晩、お風呂に入ってちんちんを洗っていると、昨日抜いた反対側からもう一本毛が生えてきている。

「!! やっぱ嘘だったか……」

浴室で独り、口に出して言ってみたが、心底ホッとした。

それからは雨後のタケノコのように生えてきた。あれよあれよという間に、なんとなく大人な下半身になってしまったのだが、やっぱり最初のちん毛には申し訳ない気持ちでいっぱいだ。

もっと大切にしてあげてもよかったんじゃないか。

だから白い陰毛が生えてきたら、その分丁重に扱ってあげようと思う。その心構えはとうにできている。いつでも来い、だ。

もし何十年先、私の下腹部が真っ白に染まったその時。耳毛にも優しくしてあげられるような、そんな本当の大人に、私はなれるんだろうか……。耳毛にはまだまだ厳しく当たってしまう青い私は、2回目の思春期を迎えている、のかもしれない。

（17年5月26日号）

宿題

今、日本でどれくらいの子供達が夏休みの宿題に追いつめられて半泣きになっているのでしょう。

大人になれば、そんなもん屁じゃないくらい大変なことが山ほど待ち構えています。学校の宿題なんてホントちっちゃなことです。とりあえず、泣いてもはかどるわけじゃないから涙を拭いて、今は頑張って頂きたい。

振り返れば自由研究・読書感想文・計算ドリル・漢字ドリル……私も夏休みの宿題にいい思い出がありません。

だいたいアサガオなんて毎年日本中の小学1年生が観察してるんだから、もう今更、新たな発見はないでしょう？　まだ観察日記つける必要あるのかねぇ？　あんなもん「ツルが伸びて、花が咲いて、種がとれる」、それ以上でも以下でもないじゃない……当時はそんなコトを思ってました。いや、今でも若干思ってます。

8月31日になると「学校がなにかよんどころない事態に陥って始業式が延びますように……」と祈ったものです。差し障りがあるんで具体的になにを祈っていたかは言えません。

小5の時にはせっぱ詰まって、9月1日の朝にテキトーな『交通標語』作ったなぁ。「しましまの、横断歩道、ないと困る」「歩道橋、渡ったほうが、いいと思う」というヤル気ゼロの字余り標語。先生から『もっともです。先生もそう思います、でも△』という一言に採点が添えられ、10月まで廊下に掲示されていました。ああ、恥ずかしい。

完成度の高い自由研究や工作は、きっと親の手が入ってるんだろうと子供ながらに感じてましたが、今は学校側が「親御さんも進んで手伝ってあげてください！」と発破をかけてくる（うちの学校だけ？）。夏休みの宿題、親が手伝えと……。正直、いやなこった!! 大人になってやっと宿題の無い夏を迎えられたというのに、何故我が子の宿題を手伝わにゃならんのか。

また宿題に取り組む我が子は悪いとこばかり自分に似て……。たとえば「一行日記」という宿題があるのですが、夏休みの日数の3割が『特になにもなかった』と書いてある……。

「そんなことなかろうっ！（怒）」「なにもなかったもん」「ホントだな!?」「うん」「メシ食ったろ？ 寝たろ？ ウンコしたろ？」「まぁね」「じゃ、なにもあるじゃないか！ なにか書きゃいーんだよ！」「……そんなんでいいの？」「いーんだよ、なんだって！ やったことを書け！」「じゃ、書くよ。はい、書けた」

見ると『13日 ごはん食べた』『14日 布団で寝た』『15日 トイレへ行った』……腹立つなぁ。

「おかしいだろ？ 一日中トイレ行ってたのか？」「んなわけないじゃん」「一日でいろ

んなことしてるだろ？　書くんだよ！　それを！『特になし』とか寂しいこと言ってんじゃないよ‼（泣）」「たった一行で書けったって無理だよ！　一行で書けるような薄っぺらなことなんてなにもしなかったのと同じだよ！」「……（ちょっと感心）。もう一行にこだわるな。な、先生だってわかってくれるだろ。書きたいことは何行使っても書いてみろ‼」「え？　それはそれで、めんどくさい……」

もうっ‼　夏休みの宿題とか、もうやめませんか？……ねぇ。

（15年9月4日号）

真夏

高校1年の夏、私はラグビー部に所属していた。

真夏の練習は地獄だ。今は熱中症というが、昔は日射病といった。練習がキツ過ぎて、早く日射病になりたかった。倒れたら日陰で休めて、やかんの水が飲める。先に倒れる仲間は蜘蛛の糸を掴んでスルスルと極楽へのぼっていくように見えた。

私も日射病になるために日なたをガンガン走り、フラフラになるべく死に物狂いで練習した。

しかし慣れとは恐ろしいもので、身体がだんだん丈夫になり、そうたやすく日射病にならない。

「おかしいな、ひと月前はこれくらいで目の前が真っ白になっていたのに。明日は朝飯を抜いてみようか……」

何のためにラグビー部に入ったのか……本末転倒もいいところである。命にかかわるので絶対に真似しないでください!!

大学1年の時、落語研究会に入った。7月の梅雨が明けた頃に『所沢寄席』というイベントがあった。落研部員が一般学生を対象に落語をやる、1年生の御披露目落語会だ。

会場は日大芸術学部所沢キャンパスのだだっ広い大通りのかたわら。青空の下に長テーブルをつなげて舞台を作る。炎天下で日陰はない。朝の9時開演。休憩なし。終演17時。

むやみに長い。客席も屋根なし。暑いから曇りでないと誰も客席に座らない。カンカン照りの時は、はるか20メートル先の街路樹の木陰に客（学生）が佇んでいる。

当たり前だが、授業中は基本、客がいない。みんな授業を受けているから。客がいない時は下っぱの1年生が高座に上がる。当時、1年生は私しかいなかったので、かなりハイペース。覚えたての『道具屋』という落語を1日で14、15回やった。それしかネタがないからしょうがない。1回約12分。アホである。

屋外だが、マイクは使わない。腹から声を出せばマイクはいらない……などということはない。午前中のうちに声がラッシャー木村みたいになった。

昼休みになると「なんだ？　なんだ？」と人が集まってくる。みな落語など興味のないスカしたお洒落学生どもだ。死ねばいいのに！　……いや、その時はそう思っていた。ごめんなさい。

遠目に見てる奴、野次を飛ばす奴、わざと目の前を横切る奴、そいつら目がけてラッシャー木村声で怒鳴りながら浴衣姿で『道具屋』を演じる坊主頭の私。

10回目くらいの最中、夕立になった。観客は蜘蛛の子を散らすように逃げていく。テンションが上がった私は登場人物の声で「雨だーっ！」と叫びながら浴衣を脱いだ。パンツ一枚に腰に帯一本巻き付け、扇子を振り回しながらわめき散らす。

「風よ吹け、雨よ降れ、道具屋ですよーっ！　いらっしゃいませーっ！」

主人公の与太郎がシャウトすると、すぐに学生課の職員がすっ飛んできて、怒られた。公演が終わると雨はスッカリあがり、日も傾いてきた。先輩が「お疲れさん」と缶ビールを手渡してくれた。ぬるかった。「なんだこれ！ ぬるいじゃねーか‼（怒）」。気がつくと先輩にタメグチで悪態をついていた。即座に私の裸の背に回し蹴り。「ごめんなさい！ ごめんなさい！（泣）」。ラッシャー木村が泣きながら謝っていた。何のために大学に入ったのだろうか。真夏は若者を狂わせる。

（15年8月14日号）

卒業

今から22年前、中学の卒業式当日。式も無事済み、渡り廊下でボンヤリしていると、後輩の女子が「先輩！　ボタンくださいっ！」と駆け寄ってきたのです。

思いました。「ああ、やっと来たか！」と。「女っ気のない薄暗い3年間だったけど、ここにきて俺にもようやく光がっ！」と。思わず頰も緩みました。

「話したこともないし、今までちゃんと認識したことない後輩だけど……ふふ……『のっぺりした色黒で陸上部の女』ぐらいの印象がこうして見ると……なんかちょっと可愛いなぁ……（にやけ顔）」と思いつつ……

「え？　あ、俺ので良ければ（半笑）……ちょっと待って……」と、第2ボタンに手を掛ける。「あ！　第5でっ!!」「え、第2じゃ……」「いや、5で！　ボク（自分のこと）、ボタン集めてるんっす！」「……はぁ、うん……（外して）……じゃあ……はい、これ（渡して）」「ありがとうございまっす！（ボタンを巾着袋にしまいつつ）卒業しても頑張ってくださいっ！　じゃ！（笑顔）」

巾着袋の中は学生服のボタンがいっぱい入ってたんでしょう。武蔵坊弁慶が刀をカツアゲするがごとくに、先輩男子から巻き上げたボタンをじゃらじゃらいわせながら、のっぺり色黒陸上女は彼方へ走り去っていきました。……足速かったなぁ……あの子。

それ以来、一人称が『ボク』の女子は好きになれません。

卒業式に意中の男子からもらった第2ボタンって、女性の皆さんは後々どうしてるんですかね？　妻に聞いてみると「そんなもの、何かのきっかけで捨てるでしょ、大掃除とか引っ越しとか……」と夢のない回答。そら、そうでしょうよ。薄々わかってるんだけどもさ。

まず、もらった直後はどうしてるのか？　チェーンを通してペンダント？　いつも女子が携帯している謎のポーチに忍ばせる？　あ、これはあり得るな。仮にポーチとしてですよ……こんなことがあるかもしれない。

『ボタンのやりとりだけで恋の進展がなかった二人。女の子がポーチのチャックを開けたとたんボタンが転がり出して、トイレにチャポン。それに気づかずにジャーッ!!　遥かなる旅に出るボタン。下水道に住むお洒落好きな鼠《ねずみ》が下水を漂うボタンを拾って、それを尻尾の先につけてアクセサリーに。この鼠がラーメン屋に忍び込むと、仕掛けてあったネズミトリに尻尾を挟まれ、ボタンを残して逃げのびる。ラーメン屋のバイトが厨房に転がってるボタンに気がつき……「あれ？　……これ、俺があいつにあげた……なんでここに？」。卒業式以来、彼女に連絡をとる彼。「お前、俺があげたボタン失くさなかった？」「え！　なんで⁉」「なんか……拾っちゃったんだよね……届けてもいいかな？」「ありがと……」「じゃ、バイト終わったら駅前で待ってるよ……」』

……男は第2ボタンにこれくらいの夢を乗っけることができるんですが、女性はどうですか？　処分するのは仕方ないけど供養してやってね。舞い上がった男心が浮かばれないよ。

あの弁慶女子は大量のボタン、どうしたのかな？　浅草の古道具屋のショーウィンドーにある『大量の5円玉で作った亀の置物』見るたんび「あの女が俺たちのボタンで作ったんじゃねぇか？」と思い出しちゃうんだな。

（15年3月20日号）

プレゼント

私はプレゼントべただ。

相手に何を贈るか迷っているうちに、頭がこんがらがり全く見当はずれな物を選んでしまう。

小学6年の時。父親への誕生日プレゼント。ハンカチにするか、ネクタイにしようか、靴下もいいかな……迷いに迷った揚げ句に、気がつくと当時流行っていた「春日局」の小説の3巻セットの文庫本を贈っていた。たいして読書好きでもない、歴史好きでもない、ドラマも観てない、大原麗子好きでもない父へ唐突な「春日局」。小学6年生がお小遣いをはたいて買った3冊の文庫本は結局一度もページを開かれた形跡なく、現在に至っている。父も読んでやったっていいじゃないの。

大学1年の時。落語研究会の4年生Tさんに贈った卒業祝いのプレゼント。ふところが淋しい私は金をかけずに何か心に残るものを贈ろうと頭をひねった。プレゼントの基本は花束だ、と近所の公園に行ったがペンペン草しか見つからなくてやめた。

Tさんは工事現場のコーン（赤い円錐）が欲しいって言ってたので（なぜ？）探しに行ったが、それは泥棒なのでやめた。

山下清よろしくチギリ絵で肖像画を描こうと思ったが、スーパーのチラシをちぎってるうちに自分にはそんな腕がないことに気づいてやめた。

自作のポエムを贈ろうと思ったが、恥ずかしくて真っ赤になってやめた。

じゃがいもしか入ってないカレーを半日煮たけど、食欲に負けて自分で食べちゃった。

うーん……と悩んだ末に自分の一番大切なものをあげるのがTさんも喜ぶのではないか、という結論に至った。山口百恵もそう唄ってるし。

よし、男の子の一番大切なものをあげよう！　100円ショップに行って一番分厚いスクラップブックを買ってきた。

押し入れから『夢の箱』と名付けた段ボールを下ろす。私が中学生の頃から溜め込んできた『夢』のコレクションの数々を一冊一冊畳の上に並べてみた。

6畳一間が瞬く間に『夢』で覆い尽くされてしまう。壮観だ。

時系列に並べ直して、端から一冊ずつまさに青春の一ページを開いていく。

思い出深いお気に入りのヒトコマを吟味して、Tさんに届けとばかりにはさみを入れる。

切り抜いたそれらをテーブル上に無造作にばらまくと、年代的にもジャンル的にも決して出会わなかったであろう『夢の国の天使達』が、予期せぬ出会いにはにかんでいるかのようだ。

私は神の視点で上から眺める。スクラップブックという大地に、新たな生命を産み出すべく『天使達』をちりばめていく。ていうか、ヤマト糊で貼りつける。

半日かけて私の青春の血と汗と欲望がつまった夢のオールスターズな一冊が完成した。涙をのんでスタメン落ちをさせた選手も多いが、現時点では確実に世界を狙えるメンバーだ。

正直、あげるのが惜しくなった。幸せになってくれ、みんな。

飲み会でいよいよプレゼント贈呈の時間だ。

Tさんはプレゼントにざっと目を通し「すまん、心意気だけもらっとくよ……これはお前が持っているべきだ……」と呟いた。

入魂の品が手元に戻ってきた。表紙の白石ひとみが寂しげだった……ホント、プレゼントって難しい。

（14年12月19日号）

主婦

今から9年ほど前、二つ目に昇進して1年目。すぐに所帯を持って子供が生まれた。が、仕事はなかった。

噺家は前座から二つ目に昇進したばかりの頃が一番キツい。

修業から解放され、晴れて自由の身にはなるのだが師匠の庇護がなくなる。仕事は自分で見つけなくてはならなくなる。

暇だった。ホントに暇だった。

共働きだったので、妻は朝仕事へ。子供はまだ保育園に入れず、家に居る私が面倒をみる。

『イクメン』で『主婦』ならぬ、今で言う『主夫』だ。その頃そんな言葉はなかったかな。

朝かみさんを送り出すと、洗濯して、ワイドショー観ながら掃除機かけて、ミルクを作ってぶら下げて、ベビーカーを押して街中や公園をフラフラする。

ただフラフラするのも時間が惜しいので、ぶつぶつ落語の稽古をしながらベビーカーを押す。

左右に首を不規則にカクカク振りながらぶつぶつ呟いている無精髭の子連れ男が公園に入っていくと、先に陣取っていたお母さん達はギョッとして我が子を庇いながら遠ざかっていく。

面白半分になんとなく追い掛ける体で公園をさまよう。瞬く間に公園は貸し切り状態だ。

子供をベビーカーに乗せたまま、いい大人がブランコをこぐ。立ちこぎをする。

切ない、寂しい、辛い……違うな。そんな感じはなかった。

これはこれで、ありかな……と思った。

昼過ぎ、近所の喫茶店へ。トーストとコーヒーを注文してぼんやりしていると、さっき私が追っ払ったお母さん軍団が店の奥でパスタなんぞを食べてお喋り中。

一人が私に気付く。皆でひそひそ何か喋っている。

スポーツ新聞を読むふりをして、「いいネタになるな」とお母さん軍団の会話に耳をそばだてていると、うちの子供が「ミャー」と泣いた。少し冷えたがミルクをやる。すぐに泣き止む。

「大変ねぇ……お父さん独りで……」と聞こえてきた。シングルファーザーだと思われたのか、同情して頂いたようだ。

いや、別に大変ではない。落語の仕事がないだけで、主夫の生活はまぁまぁ楽しい。

このままで良いとは言えないが、なかなか「居心地」は良かった。

夕方、スーパーへ買い物に。カレーの材料と奮発して好物のメ鯖を買う。「カレーに〆鯖は合わない！」とかみさんに予想通りの苦情を言われながらヘラヘラ発泡酒を飲んだりして。

けして裕福でないが、「戻ってもいいかな」と思える日々だ。

誰かが言っていた。「子供は食い扶持《ぶち》を運んできてくれるよ」

ホントかな？と思ったけど、なるほどその後はそんな感じ。今は子供が3人で、この連載までさせて頂いている。十分な食い扶持……かどうかはここで言えないが、ありがたいことです。

そんな最中、先日私に弟子入り志願が来た。26歳だって。

「自分も若いから先行きどうなるか分からない。俺、来年死ぬかもよ」と言ったが、「かまわないです！」……いや、そこは否定してもらいたかったがね。

弟子が食い扶持を運んでくるとは思えないなぁ。

弟子を連れて、二人公園をフラフラしたら近所のお母さん軍団はどう思うだろう。

面白いから、弟子とってみようかな。食い扶持じゃない、何か「別なもの」を運んでくれるかもしれないから。

（14年12月12日号）

接待

昨年末、地方のお寺から「御施餓鬼《おせがき》で落語を一席」というお仕事を頂いた。
出番1時間前。控室に白石加代子さん似の割烹着姿のおばさんが入ってきた。おばさんのイントネーションは各自想像してください。
おばさん「失礼しますぅ」
私「はい？」
お「本日、住職からご接待係を仰せつかりました。ヤスエですぅ（深々とお辞儀）」
私「はぁ、よろしくどうぞ」
「ヤスエ」が名字なのか下の名前なのかは聞かなかったが、あんまり下の名前はいきなり名乗らないだろう。
ヤスエ「お茶とお菓子でございますぅ」
私「ありがとうございます」
ヤ「一応、こちらの名物の○○餅といいますぅ、美味しいかどうかわかりゃせんけんどね。よかったらどうぞ（笑）」
勧め方としてはいかがなものか。「一応」って……。
私「いただきます。（食べて）ん？　美味しいですよ！」
ヤ「そらぁま、名物ですからぁ（嬉しそうに）」

なんだ、自信あるのか。

ヤスエは用が済んでも和室の片隅に座っている。10分経過。限界だ。

私「あのー、取り立てて頂くこともないので……。よろしければ……どうぞ（どっか行ってくれないか、の意）」

ヤ「オシンコ、召し上がりますぅ？（返事を待たず）とってきよう（素早く立ち上がる）」

私「……ありがとうございます」

ヤ「（帰ってきて）どうぞ。美味しいかどうかわかりゃせんけんどね！」

メチャクチャ美味かった。

私「わ！　美味しいですねっ!!　ヤスエさんが漬けたんですか？」

ヤ「いやぁ、ここんちの和尚の嫁よ」

謙遜じゃなかったのか……。

ヤ「『笑点』は観てるんですけどねぇ〜」

ほらきた。会話のとっかかりとしての『笑点』。

私「私は出てないですけどね（苦笑）」

ヤ「ほーじゃねぇ……。なんでかねぇ？」

私「なんでですかね……。（オシンコ食べて）美味いですね、これ！」

ヤ「孫も観てますよ」

私「……ありがとうございます」

なんで俺が礼を言わなきゃならんのだ。

出番だ。けっこうウケた。

ヤ「いやぁ、孫連れてくりゃよかったわぁ。平日だから学校だもんでね！　こんなに面白いもん聴かせにゃいかんね！（真顔で）」

私「ありがとうございます。今度、またぜひ！」

ヤ「喜ぶかどうか、わかりゃせんけんどね‼（嬉しそうに）」

なんだ？　口癖なのか？　口癖だといいな……。

私「ではこれで。大変お世話になりました」

10分くらい待っただろうか。タクシーが来た。運転手さんが、

「おー、ヤスエさんかい‼」

ヤスエさんは、

「田村さん！　大事な人だから、安全運転でねぃー！　乱暴なら承知せんよーっ！」

と笑った。

車内で田村さんが「ヤスエさんの上客だから」とのど飴をくれた。「ヤスエ」は名字なのか下の名前なのかは、田村さんも知らなかった。（16年1月22日号）

スクラム

　ただいま群馬県伊勢崎へ営業に行く途中。東武線・特急りょうもう号の車窓から景色を眺めながら、原稿を書いています。上毛野《かみつけの》・下毛野《しもつけの》の両毛で『りょうもう』号、飾り気のない名前が最高。車体もダサ可愛いし。

　高校時代、ラグビー部で他校へ練習試合に行く時にボンヤリ見ていたこの乾いた冬景色が、いろいろ思い出させてくれます。

　ドラマ『スクール☆ウォーズ』に憧れてラグビー部に入りました。回想シーンの岡田奈々のバレー部員姿、可愛かった。

　1年生はいきなり試合には出られません。先輩が試合をしている中、グラウンドの隅っこで2年生の教育係の先輩に集められ、

「首トレはじめーっ！」

　首のトレーニング、略して首トレ。2人一組になり一人が四つんばいに、もう片方が上から、左右からグイグイ首に負荷をかけます。それを時間かけて跳ね返すのを何セットもやる……。とても地味で、つらい。

　慣れてくると、四つんばいで向き合って頭を突き合わせて首相撲をしてみたり、一人がもう片方の後頭部に腰掛けて、それに耐えてみたり……。その際、後頭部にオナラを

されて喧嘩になりかけたこともありました。

「首なんて簡単に折れるぞっ！　半身不随になるぞっ！　死にたくなかったら鍛えろっ！」

死にたくないし、半身不随にもなりたくなかったので一生懸命やったら、すぐに首回りが太くなり、入学の時に買ったワイシャツが入らなくなりました。

あと、タイヤ押し、つらかったなぁ。低い姿勢でグラウンドを何往復もしてるうちに、脚がパンパンになって意識が遠のいていきます。気がつくと前のヤツがオナラしながら押していて、避けきれずにその中を通過。でも喧嘩する元気はなかったです。

上腕筋を鍛えるために2人一組で相手を抱えて、持ち上げたり下ろしたりを繰り返す。埃まみれの男たちが一列になって、お姫様だっこを一心不乱に繰り返す。やな光景です。ひとの腕に抱かれながらオナラするヤツも。ここまでくると、オナラだか体臭だかわからんので、どーでもよくなります。

そんなこんなで身体をミッチリ鍛えて、ようやくスクラムなんぞ組ましてもらえるようになるんですが、生まれて初めてスクラム組んだ感想は「こんなことしてたら、俺死ぬぞ」。

とにかく前の敵の圧力、後ろの味方の圧力が凄い。危険なのでいきなり押し合いはしませんが、普通に圧力でオナラが出ましたよ。ラグビーにはオナラがつきものなんでしょうか？

よく「スクラム組んで一丸となってこの難局を」なんて比喩がありますが、スクラムなんて生易しく組めません。組むこと自体がすでにかなりの難局ですから、気をつけていただきたい。

結局ラグビー部1年で辞めちゃいました。まるで根性なしです、すいません。ラグビー部を辞めたので、落研始めました。どうかするとラグビーやらなかったら落語家になってなかったかもしれませんね。

ここで原稿書いてるのも岡田奈々のブルマー姿の賜物です。「元日から練習なんて勘弁してくれー」なんて思ってた私が今は、元日から寄席に出てますから「なんだかなぁ」という感じ。

ただ、いまだにラグビー部時代の夢見るんだよなぁ……。そろそろなんとかならないものか。

（15年12月18日号）

【スクラム】2015年秋、ラグビーのワールドカップイングランド大会で、日本は南アフリカに初の勝利。

茶番

生まれて初めて『茶番』という言葉を耳にしたのは、小学4年生の時だと思う。28年前だ。

音楽のS先生が夏休み明けから産休に入り、代員の先生がやってきた。代わりの先生はだいぶお爺さんだった。子供の目には80オーバーに見えたが、そこまではいかないか。のちに「戦争に行った」と聞いたから、若くても60代半ばだったのだろう。

アイロンのかかったスラックス、開襟シャツにはループタイ。角刈りの白髪頭。こざっぱりした小柄なお爺さんは、まず、

「わたくしは今日から君たちに音楽を教える畑《はた》と申します。音楽は『音を楽しむ』と書くっ！　みんなで楽しくやりましょうっ！」

と挨拶した。はっきりしたよく通る高音が音楽室に響く。一人称が『わたくし』のお爺さんを初めて身近に見た我々は、

「『わたくし』だって！　男なのに『わたくし』……」

と、ざわざわ。田舎で『わたくし』を操るお爺さんは選挙の立候補者くらいだから、ちょっと違和感があったのだ。

「まず最初にみんなで『花』を唄いましょう！」

教科書に載ってない歌を畑先生はいきなり指定した。突然言われて、

「はな？……花？」

また、ざわざわざわ。

「ん？　どうした？　諸君は『花』を知らんのか？」

「しょくん？……」

再び、ざわざわざわざわ。

「ではわたくしが唄いますから、諸君はあとから続くように！」

畑先生はピアノで軽やかに『花』の前奏を弾き始めた。お爺さんがピアノを弾く様子を初めて見た僕らは「おー!!（驚）」と歓声を上げる。

「はーるのー、うらーらーのー」。畑先生が透き通るようなテノールで朗々と唄い始めると、白髪の頑固職人なルックスとのギャップがおかしくて、クラス中がクスクス笑い始めた。

「ん……？　なーにが、おかしいのだっ⁉（怒）」

怒るのも無理はない。なかなか笑いが収まらない音楽室。

「しずまれーいっ!!（激怒）」静かになった。

「そこっ!!　なにがおかしいのかっ⁉（憤怒）」

指をさされたT君がうつむいたまま押し黙った。言葉の圧倒的さにざわつくこともで

きず、音楽室は水を打ったようだった。畑先生は泣き出したT君に言う。

「男が泣くなっ！　男が泣いていいのは親が死んだ時と……財布を落とした時だけ‼　ふふ（笑）」

ざわざわざわ……。どうやら笑うところだったらしい。

「さ、茶番はここまでっ‼　オルガンのふたを開けなさい」

この時の『茶番』が私の茶番バージン。友達もそうだったようで、「いま、なんつった？　しゃばん？　ジャパン？　サザン？」……ざわざわざわ。

どうやら『茶番はここまで』は畑先生の口癖だったらしく、４年３組でも大流行した。

５年になると産休が明けたS先生が戻ってきて、畑先生は嵐のように去っていった。

畑先生はお別れの挨拶で号泣していた。

「こんなことで泣くなんて、まっこと笑止千万ですが（涙）」

「し、しょー、ジョージ？……？　サンバ？」

しまいにクラス中が、またざわざわざわざわした。


（15年12月4日号）

一発屋

プロ野球日本シリーズも無事終わり、日本一も決まった頃でしょうか？　これを書いてるのは10月半ば、くすぶっている賭博問題も再燃してますかね。野球賭博、ダメ、ぜったい！

野球にさほど興味がなくなって久しい私ですが、往年の選手の思い出話は楽しいもので、同世代の男友達と集まって酒を飲みながら野球の話をすると「あー、懐かしいねぇ、いたねぇ」といってほぼ必ず名前が挙がるのが広島の『ランス』です。

広島カープにいた助っ人外国人・ランスは歴史に残る一発屋。一発屋といってもホームラン打って「ゲッツ！」とか「だっちゅーの！」とか言ってたわけじゃないです。後年そんなお茶目な外国人選手もいたけども、ランスはそんな愛想なかったから今いても「ランスっゴレライっ！」とか言わないでしょう。

打席に入れば三振かホームランという正真正銘折り紙付きの一発屋で、１９８７年のシーズン成績は規定打席に到達した選手の中で最低の打率2割1分8厘。でもホームラン39本で本塁打王。ちなみに三振は１１４だそうです。以上、某サイトより。

汚いヘルメットをかぶってました。もっともその頃の広島カープの選手はみなヘルメットが汚れていた気がします。

広島市民球場の照明の光量が足りないのか、テレビ中継見てても広島の試合は目を見張らないとよくわからなかった。広島戦見てると、試合が盛り上がっても、なんか眠気が押し寄せてきたのを思い出すなぁ。

巨人ファンだった私は、巨人戦でよく打つランスが嫌いでした。生稲晃子の『麦わらでダンス』(サビが「♪ランース、ランース、ランースー」となる替え歌)が応援歌で、「なんだこりゃ⁉ ダセえなぁー!」とブラウン管に向かって悪態ついてたものです。

ランスがホームランを打つたびに「タンスにゴン」に引っかけて「まさにランスにゴンですねぇ」と解説者が言うのも閉口気味。「流行語」と「一発屋」がクロスしてる点がいま思うとほほえましいですが、「駄洒落、ダセぇ」と思ってました。

どちらもランスさん本人には全く罪はありません。

「ランスは振り回すだけ、うちのクロウ(クロマティ)はメチャクチャヒット打つんだぜ」と、首位打者争いをしていた巨人のクロマティが誇らしかった。ただクロマティの応援歌も、「♪らーくをしてもクロウ、クロウ! 苦労してもクロウ、クロウ! おーまえが打ーたなきゃー明日は雨ー、クロマティーー!」。あ、こちらも駄洒落だ。そしてなぜ明日の天気を託すのか? よくわからない。

そうそう、ランスの話でした。でも「114の三振」と「39のホームラン」ですから一概に「三振かホームラン」とは言えないですよね。ホームランの3倍も三振してます。ランス、魅力的だなぁ。コツコツ緻密に研鑽を重ねて当てにいくのも素晴らしいけど、ブルンブルン振り回して当たればラッキーみたいな一か八かな生き方。いいですよね。身内は大変だけど。

『当てにいかない（いけない）』大博打な生き方。そんな博打なら端で見てる分には楽しい。

しかし、ランスがベンチで試合そっちのけで読書ばかりしていて解雇されたというのはホントでしょうか？　事実なら私、ランスを大好きになりそうです。（15年11月13日号）

【一発屋】テツａｎｄトモ、レイザーラモンＨＧ、ダンディ坂野、小島よしお、髭男爵、スギちゃんら多数の芸人による「一発屋会」に、とにかく明るい安村が加入。

中学生

秋のおわり、浅草では地方からの修学旅行生をよく見かける。だいたい男子3人女子3人のグループ、みんなで地図とにらめっこしているのが微笑ましい。

寄席の看板の前にもたまに中学生グループが佇んで、「知らない人ばっかりだね」「ホントだね」「山田隆夫、出てないね」「鶴瓶、出てないね」……。ひとしきり出ない人の名前を羅列して退散してしまう。これはちょっと微笑んでいられない。

私が通ってた中学校は生徒指導が厳しかった。修学旅行も同様だ。グループ行動も緻密に事前計画を立てて、それに沿って確実に遂行せねばならない。

京都・奈良の修学旅行。2日目、京都の某うどん店で昼食をとることになっていた。なっていた、というのは昼飯を食べる店と注文するメニュー（!）を事前にグループで話し合い決めておきなさい、という先生の指導だったのだ。

ネットのない時代、メニューまでどうやって決めるかというと、電話帳でお店の電話番号を調べ、いきなり電話してメニューを聞く。お店にしたら迷惑だろう。「端から順に言っていきますのん？（半笑い）まぁおすすめは天ぷら付きの釜揚げですなぁ」などとやんわりいなされ、結局全員がそれを注文することに1カ月前から決定していた。せっかちにもほどがある。

予定通り12時半にうどん屋に入り、6人で席に着く。班長のAさん（女子）が「釜揚げうどんの天ぷら付きを六つお願いします」と言うと、授業中いつも鉛筆のお尻を嚙んでばかりいるBくんが「あいや、俺、ざるそば……」と言いだした。

Aさんは「決めたでしょ⁉　うどんだよ‼」。もっともだ。Bくんは「俺はそばが食べたいんだ。うどんは今食べたくない。今食べても美味しくないと思う」。これももっともだ。

Aさん「ここのうどんはすごく美味しいから、大丈夫よ！」。論点がずれてきた。「そーだ、そーだ」とみんな。Bくん「ざるそばの方が安いんだからいーじゃない！」。値段の問題か？

「早よせぃや」という店員の視線を感じつつ埒《らち》があかないので、結局Aさんは折れ、Bくんはざるそばを注文することになった。

店内でそばを食べている人はBくんのみ。そらそうだ、うどん屋だもの。

「あんまり美味くないな」とか言いながらも完食したBくんは「そば湯くださーい‼」と叫んだ。Aさん「え⁉　まだ食べるの？」。Bくん「そば湯だよ」。Aさん「……何それ？」。Bくんはそば湯をすすりつつ「シメはそば湯だってじいちゃんが言ってた」と一言。

つまようじでシーシーしてるBくんをよそに会計係が勘定を済ませる。遅れて出てきたBくんは会計係に「俺の差額の500円、今返してっ!」と言い、レジで家族へのお土産に漬物を買ってきた。Aさんは「今はお土産の時間じゃないよ!」とたしなめたが「今買わないと後悔すると思ってさー」と反論。
まるで言うことを聞かないBくんに腹を立てたAさんはとうとう悔し泣き。
「こんなことで怒ったってしょうがないよ。修学旅行を楽しもうぜ!」とのたまうBくんを見ながら、私は「あぁこの人は大人へ向けて、頭ひとつ抜けてるなぁ」と思いつつ、荒れるAさんをなだめたのだった。

(15年11月6日号)

【中学生】当時、中学1年生だった藤井聡太さんが、史上最年少の13歳2カ月で棋士養成機関・奨励会の三段に昇段して話題に。

部室

「行ってみっか？」

「見とかないことにはな！」

「行こうぜ！」

　3人は部室棟の狭い廊下を「我先に」という思いを悟られないように、でもかなり足早に歩いていた。

《〇〇部》と墨黒々と記してあるだけの看板。普段は3人とも前を通るだけだ。

「やっぱり鍵がかかってるな」

ドアノブに手を掛けたIが悔しそうに呟いた。

「この部に知り合いいるか？」

Nが聞くと、

「運動部に友達なんていねーよ」

自嘲気味に吐き捨てたIは軽音学部。

「俺もいないけどね、へへ」

笑うNは釣り同好会。かくいう私は落語研究会だ。

私「誰か来るまで待つか？」

I「待ってどーする？」

N「訳を話して入れてもらおう」
I「男ならともかく、女子が来たらどうすんだよ？」
N「……そうか」
私「土曜だし、誰も来ないかもしれんから、よじ登って強行突破だ。I、身軽なんだから壁を越えて中から鍵開けてくれ」
I「ホントにやんの？　見つかったら……」
私「見つかる前にやるんだよ!!」
よしきたっ、と言ってIは部室の壁に手を掛けてスルスルとよじ登る。天井と壁の縦1メートルの隙間から難なく部室に忍び込んだ。
ガチャリと鍵が開き、Iは二人を招き入れる。部室の中を見渡しながら、ほぼ同時に呟いた。
「なるほど。間違いないな」
この3人がなぜ縁もゆかりもない部室に忍び込んだかというと、昨夜Nが鑑賞したAVの舞台は見覚えのあるキャンパス・部室棟の廊下・看板の字・床の色。
「ここはひょっとして、○○部の部室じゃないか？」
落研部室でVTR検証し、非合法に現場検証を行い……今まさに3人は、なんとも言えない感慨に浸っていた。

N「あの女、ホントに部員？　そう言ってたけど」
I「なわけない。ツテがあったんだろ？　『設定』だよ」
私「第一この辺で見たことないしな。○○部にあんな可愛い子が入るかよ」
I「ま、とりあえずテーブル触っとこ」
私「ソファ座っとこ」
N「写真に収めとこ」
Nは写ルンですを取り出してパチパチやっている。
私「……何のために？」
N「念のため、思い出作り」
3人は、
「設定だよな」「そうさ」「ひょっとして」「なわきゃない」
と不毛なやりとりを繰り返しながら、いつもの居酒屋へ。
したたか飲んでるとトイレから出てきたNが、
「いたいたいたー！　あの子！　トイレの窓から江古田駅のホーム見たら電車待ってた！」
勘定済まして駆けつけたが、だーれもいない。
「……見つけたところで、なにがどうなるって話だよ」

Iが呟く。少し未練を引きずったような苦笑いの横顔で。

校舎は新築、部室棟も取り壊され、ビデオのタイトルも女の子の名前も忘却の彼方。Nは今年、ようやく結婚するらしい。

これでみんな所帯持ち。そろそろ、あの写ルンです、現像してもよい頃かも。○○部のソファ、バネが利いていたっけ。


（16年5月6－13日号）

同窓会

何年か前、高校の同窓会に出席した。今まで何度も開催されていたのだが、どうにもスケジュールの都合がつかずようやく参加できた。

久しぶりに友と再会できる喜びに胸が高鳴る、というより、「何かマクラやコラムのいいネタが拾えるかな?」という、やましい気持ちでの参加。だからちょっと後ろめたい。

大宮の某ホテル宴会場。男子高である。見渡す限りの30代半ばの男の群れ、その数200人余り。おっさんになりかけの働き盛りが「ゴヴェゴヴェゴヴェ……」というおっさん特有の低音を発しながら旧交を温め合っている。

そして会場がくさい。おっさん臭を抑えようとしてデオドラント剤を使用している、自分がおっさんであることを意識しはじめた世代の臭い。「中間管理職臭」がむんむん。でも同性ばかりなので、周りに気を使うこともなく場は盛り上がっていた。

20年の歳月は残酷だ。あちこちからこんな声が上がる。

「おまえ、ハゲたなーっ!!」

あれほど男前で、他校の女子に校門で出待ちされていたサッカー部のあいつもハゲ。あの時から挙動不審で、部室で爆弾作ってるんじゃないか?と噂されてた化学部のあいつもハゲ。学年主任の先生もツルピカ。かくゆう私もハゲてきた。

20年分のハゲは人それぞれ。ハゲは笑えるからいい。太ったなー。痩せてかっこよくなったなー。これも微笑ましい。なかには、

「……おまえ、太り過ぎてない？」

「いやー、仕事と家庭のストレスかなぁ……」

と言いながら延々と五目焼きそばをビールで流し込んでいる彼。体重が倍くらいになって、面影は皆無。過ぎるのはよくない。そんなに笑えない。

「痩せたなー……大丈夫か？」

「去年の暮れから体重減ってさ、食べらんなくて……」

健康診断に行け、とみんなから諭されても「なかなか時間とれなくて……」と応えるあいつ。かなり笑えない。

会場中飛んで回ってやたらに名刺を配り続けて、

「来年、県議会選挙に出ますんでよろしくお願いいたします！」

同級生なのに敬語を操っている現・秘書の彼。なんだかあまり笑えない。

「○組の△△、死んじゃったってよ」

「うそ!!　なんで!?」

「いろいろあったみたい……」

ホントに笑えない。

「□□先生、認知症でホームに入ってるそうだ」

「あのおっかなかった先生が⁉」

うーん、笑えない。

変化はハゲくらいにとどめておいてもらえるとありがたい。

「Aが来てないな」

「あいつ、性別変わったってよ」

「え……まじで？」

「店、始めたってさ」

「そういうお店？」

「ブログやってんだ。見る？」

スマホでAの店のブログをこわごわ覗く。

「可愛いな、A……」

「なんでもっと早く気づかなかったんだろうな、俺たち」

卒業アルバムのAはイガグリ頭で鹿せんべいを咥《くわ》えておどけていた。「いやはや、いやはや」が口癖であだ名は「村長」。

20年で村長がママになっていた。同窓会もなかなかいいもんだ。


（16年8月12日号）

祭りのあと

7月19日から海外公演へ、家族同行で行ってきた。8月4日に全員無事帰国。くたびれた。

3カ国で7公演。字幕をスクリーンに映し、日本語で演じて現地の人に聴いてもらったのだが、日本人と同じところで、同じ間で笑ってくれる。落語は全世界に通じると再確認できた。

でもすべる時はすべる。これも世界共通だ。ベルギー・ワーテルローでの公演。ナポレオンで有名な『ワーテルローの戦い』の舞台。大きい街ではないが、「ヤポン（日本）ノラクゴッチューモノヲキイテミタイ」と100人あまりのお客さまが集まってきた。結果。いやぁ、すべった。ホントにすべった。平成13年の入門以来、一番すべった。初高座のほうがウケたんじゃないか。

終演後、現地の主催者が慰めてくれた。

「一之輔さん、ナポレオンでさえもここでは大敗したんです」

……あ、負けたのね、ナポレオン。

「ナポレオンはその後どうなりました？」

「島流しになって、不遇のうちに人生を終えましたよ（笑）」

……（笑）じゃねぇよ。

ポーランド・ヴロツワフでの落語ワークショップには、日本に興味のある若者が8人集まった。嬉しいじゃないの。「落語家のように手拭いと扇子を使って、何かに見立てみましょう」というコーナー。

現地の女子高生が「ハイ！」と積極的に挙手。手拭いをハンドサイズに丸めて右手に握り、ふてくされた顔で「……ピ、……ピ、……ピ」と口ずさみながら手拭いを上下に、左手を左右に動かしているだけ。

「……何してんの？」

と聞いても無視して、

「ピ、……ピー……ん？……ちっ（舌打ち）……。15ズロチ（ポーランドの通貨）……ピ、ピ……はぁ（ため息）」

レジ打ちの真似だった。『バーコードをうまく取り込めず、舌打ちをして、かったるそうに手作業で値段を押して、再びため息をつきながら最悪の愛想の無さでお客をさばき続けるスーパーの店員の真似』だそうだ。

すでに手拭い、どうでもよくなってるし。彼女いわく「ポーランドの店員はみんなこんなかんじ」だそうだ。そんなコトなかったぞ。愛想のいい人もいたよ、笑顔は硬めだったけど。

そんな彼女が、懇親会で目を輝かせて「落語って本当に面白いですねっ‼」とサイン

を求めにきた。「私も落語家になれますか?」と言う。いきなりだな。ポーランドの女子高生の落語家はまだいないので、
「やってやれないコトはない、頑張ってくださいっ!!」
「次、一之輔さんがヴロツワフに来るまでに日本語を完璧にマスターしておきます!!」
こんな異国で弟子入り志願されるとは……。ともあれ、落語を喜んでくれて嬉しいかぎりだ。

他方、同行した娘(6)はフィンランドのレストランで「ムーミンの肉が食べたいっ!!」とわめき、一騒動になりかけた。「ムーミンは指定保護動物だから!」と通訳さんが取り成してくれてことなきをえた。

16日間の旅を終え、帰国した翌日。子供たちの「夏休みなんだからどこかつれてけ!」との要求に「『夏の殺意』ってこんなふうに芽生えるんだな」と思った。穏便に夏を乗り越えたい。

(16年9月2日号)

【祭りのあと】2016年8月21日、オリンピック・リオデジャネイロ大会が閉幕。

義理人情

噺家になった時、親からの仕送りが打ち切られ、家賃3万3千円から2万円のアパートに引っ越した。

大家さんはお婆ちゃん。築40年。娘さん夫婦一家と1階に暮らしていて、2階に店子の部屋が六つ。うち、四つが空き部屋。玄関・トイレ・物干しのベランダ共同という○○荘。

家賃をたびたび待ってもらった。今どき鷹揚な経営スタイル。

「しょうがないよねぇ、前座さんだから。頑張んなさいよ！」

大家さんが食べ物やら雑貨やら、いろいろ恵んでくれた。

大家さんは街で配ってるポケットティッシュを集めては私にくれた。テレクラのティッシュが多かったが、配布のバイトはどんな思いでお婆さんに渡してたんだろう。おかげでティッシュペーパーを買ったことがない。

大家さんは何かと気に掛けてくれた。ありがたい。

向かいの部屋を仕事場に借りていたお兄さんが、私の勉強会に来てくれた。たまに廊下で顔を合わせるだけなのに、客席に座っていて驚いた。帰りぎわに、

「自分で調べて来ました。いつも壁越しのお稽古の声で楽しませてもらってます」

「うるさくてすいません……」

「いえいえ。また来ますね。あ、よかったらこれ読んで下さい」
単行本をもらった。お兄さんはノンフィクションライターだった。何かの新人賞を受賞して引っ越していった。
こんなこともあった。
「家出みたいなのよ」
大家さんの娘さんに頼まれ、田舎から出てきた青年の説得をした。氏素性がハッキリしないのに、部屋を貸しちゃうほうもどうかと思うが。
彼の部屋に大五郎（焼酎）を持参で乗り込んでいった。
私「……とりあえず、飲む？」
彼「いえ。お酒飲めません」
私「（独りで飲みながら）何で東京出てきたの？」
彼「芸能人になりたくて」
私「はぁ……どんな芸能人？」
彼「ミュージシャン、俳優、お笑い、ＭＣ……幅広く……」
私「その勉強とかしてるの？」
彼「これから始めます」
私「ご両親は反対してるのね？」

彼「猛反対です……。なぜでしょう？」

私「なぜ？（笑）なぜ、『なぜだ？』と思うの？」

彼「だってボクは必ず成功するんです、わかるんです！……」

　そこから先はよく覚えてないが、翌朝1・8リットル入りの大五郎が半分に。夕方に大家さんが、

「あの子、さっき親が迎えに来て帰っちゃったわよー。私は応援したかったのにー」

　と残念がっていた。

「あの子、目を真っ赤に腫らしてうなだれてたわ……手段はともかく、ありがとうね」

　と大家さんの娘さんからはとても感謝され、お礼にバナナを一房もらった。

お婆ちゃんの大家さんは夢見る若者が好きだった。ということは、私のコトも彼と同じように見ていたのだろうな。

　去年、気まぐれにアパートの前に行ってみたら、「○○荘」は横文字に、木造2階建てはお洒落なレジデンス風になっていて、思わず笑ってしまった。

　確かめずに立ち去ったけど、お婆ちゃんの大家さんは元気なんだろうか？　建て替えて家賃はいくらになった？　まだティッシュ集めてるのかな？

　そもそも大家さんは私の落語聴いたことあったっけかな？　どうだったかな？


（17年2月10日号）

酒乱

正直、酒癖が悪いです。関係各位にはいつもご迷惑おかけ致しております。

大学生の時、好んで飲んでたのは赤玉ポートワイン。1本500円しなかったんじゃないかな？ 1本完飲すると、翌日頭が割れるように痛くなります。

あれは大学3年の時。とある老人ホームで落語を披露したギャラの代わりに、高価な大吟醸を頂いたのです。うまかった。落研の部室で後輩と二人で空けてしまい、それで終わりにしとけばよかったのが、つい口から出たのが「いつもの赤玉、買ってこい！」の一言。

赤玉のやきもちでしょうか？ 浮気したバツです。貧乏学生は壊れました。後輩によると、赤玉を半分くらい飲んだ私は、

「たりらりらーんっ！」

と街に繰り出すと、繁華街の路肩に止めてあったハイエースに体当たりしたそうです。

「なんだこらーっ！」

と運転席から飛んできたのがダブルのスーツを着たコワモテのお兄さん。キャバクラの送迎車だったそうです。

「俺はゴキゲンだーいっ！」

逃げようとした私は足がもつれて転び、そこへお兄さんが馬乗りになり、

「何してくれてんだ！」

との至極まっとうな問い。

「へへ、あのね……おじいちゃん、おばあちゃんの前で落語やってきたの……」

と、ほほ笑みながら答えたそう。お兄さんは私の後輩に、

「おまわり呼んでこいっ！」

と命じました。交番に連行されながら「落語やったら捕まりましたー」と繰り返す私。おまわりさんはあきれて「話は後で聴くから!!」。

交番でも事情聴取は成立せず、その間、私はうめき声を発しながら交番のトイレで嘔《おう》吐《と》したり、寝込んだり。明け方の4時頃、

「そうだ!!　後で聴いてくれるって言いましたよねーっ!!」

と、おまわりさん相手に「金明竹」という落語の長台詞をまくし立てようとしたが、ほとんど言えずに「寿限無」の名前の言い立てになり、散々だったそう。さらにドヤ顔で感想を求め、

「いーんじゃない？」

と応えたおまわりさんに、

「お前は何もわかってない（怒）」

と叫び、古今亭志ん朝師匠の素晴らしさを泣きながら訴えたといいます。

朝、キャバクラ嬢の送迎を終えたお兄さんが交番に来ました。

「修理代払えばいいから」

と後輩に連絡先のメモを渡し、帰っていったそうです。私も、後輩に引きずられるようにして帰ったようです。翌々日、後輩がメモを私に突き付け、

「後が怖いですよ！　ちゃんと連絡して払ってください!!」

と言うので、おそるおそる電話すると、

「3万2千円、今から言う口座に振り込んで」

との返事。O先輩にお金を借り、すぐに振り込みました。後日、お兄さんから電話があり、

「入金確認したよ。これで示談だから。酒には気をつけてね」

と優しい留守録。

以上、全く記憶になく、全て後輩からの伝聞で事実関係は不明。書ける話はこれくらい。あとは書けないことばかり。

今思い出しましたがO先輩にまだ3万2千円返してません。ほぼ20年越しですが、これは死ぬまでに返さねば。皆さんもお酒には気をつけて（棒読み）。

（17年3月17日号）


【酒乱】「赤玉ポートワイン」は、1973年より「赤玉スイートワイン」に名称変更。

薔薇　高3の春。男子高の落語研究部だった私。放課後は部員でクラスメートのTと二人、毎日のように部室でダラダラと怠惰《たいだ》に過ごしていた。部員はたった二人きり。その当時……いや今だって高校生で落語に興味がある人間はかなりの「変態」だ。

私「やはり新入生は来ないな」
T「来ないだろうな」
私「なぜだろな?」
T「落語……だからじゃないか」
私「落語……ダメかな?」
T「ダメだろうな、俺もどこがいいのか全く分からない」
私「え? なぜここにいる?」
T「お前に誘われたからだ。前にいた生物部よりはるかに居心地はいいからな」
私「そうか、居心地いいか……ならいいや」

新入生獲得のため、我々は人目に触れて目立たねばならない。二人の意見はまとまった。

「これで世間に打って出よう!」と言うTの手には、当時、盛んにテレビで報じられていた某宗教団体の信者が頭に着けている物を模した手作りのヘッドギアが握られていた。「よし!」。よれよれのシャツとスウェット、頭にヘッドギア、虚ろな表情を浮かべて二人で校庭を掃除した。

先生にめちゃくちゃ怒られた。「新入生獲得のため」と理由を答えると「お前らはズレている」と言われた。Tの着ていたシャツには『フォアローゼズ』とカタカナで書いてあった。たしかにズレている。

1週間後、1年生が3人入部した。

ある日のこと。やはり5人でうだうだしていた。

私「じゃんけん告白ゲームをしようじゃないか」

T「何だそれは?」

私「じゃんけんして負けたヤツが今現在気になっている女子に告白するゲームだ」

T「いいね。じゃ振られたら丸坊主な。それくらいリスクがなければな。ふふ」

次の日、Tは丸坊主になった。

だがしかし、毎朝電車で乗り合わせる他校の女子に告白すべく、薔薇の花を一輪握って立ち向かっていったT。

その姿はまさに侍だった。駅前の花屋で薔薇を買う時、値段を聞いて「高っ! 1本ですよ!」と言ったのは聞き漏らさなかったが、我々にはあの薔薇一輪が武蔵が小次郎に立ち向かった時に手にとったという舟の櫂《かい》に見えた。反対側のホームからその一騎打ちの様子を眺めていたが、武蔵はまんまと返り討ち。『にべもない』の用例のような有り様だった。

武蔵が半べそをかいて戻ってきた。「喜んで頂けましたか？」と強がりながら往年の稲川淳二の真似をするT。「懐かしいなぁ。もうその人、怪談の人っすよ」と冷たくあしらう新入生A。

その時も学ランの下にフォアローゼズのシャツ。「薔薇と薔薇かよ。T先輩、かぶってんなぁ……」と新入生Bが呟いた。

部室に帰ってから、私たちはTが受け取ってもらえなかった薔薇で花占いをした。一輪の薔薇をぼんくら男子が取り囲んで、「今、俺たちは楽しい」「楽しくない」……一枚一枚花びらをちぎる。「楽しい」「楽しくない」……楽しい。薔薇が太鼓判を押してくれた。「お前たちは今、まぎれもなく楽しいのだよ」と。

私たちが卒業してほどなく落研は入部者がなく、廃部になったらしい。それを聞いたからといって、別に淋しくもなんともないのが少し淋しいところだ。

（15年2月13日号）

区切り

「川上くんはこっから入ってこないでねっ‼」

小学2年の春。となりの席になったK子から突然言われた。

一人一台の学習デスクではなく、二人で一台の横ながの古びた木製の机。だいぶ時代がついていて、表面は落書きやコンパスの針で引っ搔いた跡や、穴ぼこだらけだった。K子は指で机に線を引いた。油っ手だったのか、かすかに跡が残る。若干K子の陣地のほうが広い気がしたが、押しの強さが怖くて私は黙っていた。

「1回入ってきたら罰金100万円～っ！」

K子の語尾を伸ばすのが不快感を誘う。ほぼ初対面なのに自分のルールを押しつけてくる傲慢さにイラッときて、私は、

「100万円なんて持ってないし！」

と返した。

K「じゃあ、働いて払ってください～」

私「じゃあ、K子ちゃんも払ってください～」

K「残念でした～。私は絶対にはみ出したりしません～」

私「世の中に絶対はありません～」

K「私にはあるんです～」

不毛な口論は担任の栗田先生の「静かにしなさいっ！」で休戦となった。

境界線を気にしながらの授業が始まった。いかんせん、初期設定が不公平だ。K子の陣地は、横幅が私より5センチは広いではないか。初めに文句を言っておけばよかった。

案の定、私の教科書がはみ出したり、鉛筆の先が飛び込んだり。午前中だけで私には1400万円の負債ができてしまった。K子は全くはみ出してこない。やはり初期設定を間違えた。

帰りの会が終わり、K子は机に書いた「正」を数えながら、

「じゃあ、川上くんは私に100万円を25回払うこと〜」

と請求してきた。

「払えないよ」

「一生かけて払ってくださーい」

私は7歳にして重い十字架を背負わされてしまった。憂鬱に時が過ぎていく。

翌朝、K子が言った。

「昨日の払わなくていーよ」

当たり前だ。しかし、幼い私はこの時心底ホッとした。

私「ありがとう」

なぜ礼を言う？

K「その代わり、川上くんの陣地にある穴をちょうだい！」

私の机には直径2センチくらいのハート形の穴が開いていた。

「その穴に水ノリを詰めて固めるとハートの塊ができるんだよー。お金払わなくていいから、穴ちょうだい」

「……いいよ！」

軽はずみに了承したのが大間違いだった。穴は私の陣地の真ん中にある。休み時間に読書していても、K子は「穴、見せて！」と水ノリが固まったかどうかチェックを入れたり、他の女子に自慢したり、又貸ししたり。「穴利権」を使ってK子が教室内で力を持ち始めたのだ。

結局、休み時間中の私は自分の机を追われて、教室のロッカーの前で過ごすようになった。

「こんな些細な『区切り』が、実は現在の世界における植民地支配からの領土分離・独立問題に繫がっているのではないか？」

とNHKの「新・映像の世紀」を観て黙考した次第。

以上、加古隆の「パリは燃えているか」にのせてお送りしました。

（16年4月29日号）

監督

子供の頃、仲間と三角ベース（ベースが三つの簡易な野球）をする公園にホームレスのおじさんが住んでいた。おじさんは土管型の遊具の中で雨露をしのいでいた。老けて見えたけど年の頃なら50代半ばくらいか。

あだ名は『監督』。監督は夏でも厚ぼったいドカジャンに長靴、髪も髭もボサボサ。サンタクロースを炭火で焼いて焦げ目をつけたようなルックスだった。色の焼けた南海ホークスの帽子を被っていたっけ。

監督、別に野球の指導をしてくれるわけじゃない。僕らが三角ベースをしていると、遠くのブランコに腰を掛けて何やら身振り手振りをしている。その後に『ポンポンッ』と手拍子。

ある日、友人が「なんだあれ？」と気づいた。「ブロックサインじゃね？」「え？　誰か友達なの？」「いや、喋ったこともねぇよ」

それ以来、あだ名が『監督』になった。

バットを構えると、ブランコに乗った監督からサインが飛ぶ。もちろん意味は分からない。

何となく打つ。ヒット！　監督は静かに立ち上がり、穏やかに右拳を握る。どこか満足そう。

「ガッツポーズじゃね？」……監督から我々までの距離は30メートルあまり。それからは、監督の一挙手一投足が気になって仕方ない。

サインが出た。やはり意味は分からない。空振り三振。監督、うつむいたまま地べたを軽く蹴りあげる。何となく申し訳ない。

監督は両方のチームに分け隔てなくサインを与える。意味も分からずそれに応える。よいプレーには監督のはにかんだ笑顔、悪いプレーには控えめな叱咤を含んだ困り顔。監督のおかげで僕たちはメキメキ腕を上げた。

その日も試合が終わり、いつもだったらブランコから部屋（遊具）に戻るはずの監督がポケットに手を突っ込んだまま、僕たちの方へ近づいて来た。

「監督が、来たぞ……」。にわかに緊張が走った。今まで一言も口をきかず、指示を出すだけだった監督がついに僕らに口を開く。労《ねぎら》いか、叱咤激励か、アドバイスか。監督は言った。

「銀杏《ぎんなん》、買ってくんねぇかな？」

予想を遥かに超えた甲高い声で。ニワトリみたいな声で。

「1袋、50円でいいよ。みんな、ねぇかな？」

監督は試合のない日は銀杏を拾って果肉を洗い流し、袋詰めして売って歩いていたらしい。

「金、ないし！」。Aくんが吐き捨てるように言った。

後は堰を切ったように「ないよ！」「いらねー！」……冷たい声を投げつけ、みんなは蜘蛛の子を散らすようにその場を立ち去った。私も立ち去った。

翌日も僕らは三角ベースを始めたが、監督はブランコに座ることなく、部屋（遊具）の中から出てこなかった。

試合が終わり、みんなで恐る恐る土管を覗くと、おじさんは小声で「……お疲れさん……聴くか？」と言って古ぼけたラジカセを突き出した。

おじさんとみんなで巨人対近鉄の日本シリーズを聴いた。巨人3敗目。帰り際、監督はボソッと「巨人、日本一だな」と呟きながら、「ほれ」と僕たちに銀杏を1袋ずつくれた。

何日か後、巨人は4連勝してホントに日本一になった。生まれて初めて食べた銀杏の味は苦いだけだった。


（14年10月10日号）

【監督】２０１４年の日本シリーズは、阪神タイガースと福岡ソフトバンクホークスが対戦。ソフトバンクが優勝し、秋山幸二監督退任の花道を飾った。

おわりに

今、この「おわりに」を、浅草の某喫茶店で書いている。冷めきったハーブティーを飲みながら。私以外、客はいない。店主はいそいそと閉店の支度をしているが、ちょっとわざとらしい。私はこの1時間後、浅草演芸ホールの夜の出番だ。

なんだか気忙《きぜわ》しくて、「何を書いていいものか」を思案するのにも疲れてきて、結局また爪を噛んでいる。

右手の爪を噛みながら、2時間ほど前に担当編集者に送った「はじめに」を改めて読み返してみた。なんだか言い様のない恥ずかしさにかられてしまった。書き直したい。あんな「はじめに」じゃダメだろう。製本され、出版されればこの世に未来永劫《えいごう》残ってしまうのだ。

このままじゃ私は、武田鉄矢氏の御母堂言うところの『草野球のキャッチャー』になってしまう。『ミットもない』私になってしまう。(海援隊「母に捧げるバラード」より)

……ん？　だが果たして本当にそうだろうか？　鉄矢の子供の頃ならともかくも、このご時世、草野球のキャッチャーだってミットくらい持ってるだろう。

　私は少年野球団に入った時、親にせがんでグローブでなくファーストミットを買ってもらった。私のポジションはライト。なのにファーストミット。長くてカッコいいファーストミット。手にはめるだけで満足して、フライを一回も捕球したことないのにファーストミット。

　独りぽつねんとライトを守っている時、「こっちにボールが飛んできたら一体どうしよう……怖いな……」と思いつめて、ストレスのあまりミットを外して左手の爪を噛んでいた私。

　その時フライが飛んできて、ミットをはめる間もなく慌てて駆け出し、転んでみんなに笑われた。ミットはあるのに、ミットをはめず、結果かなりミットもない。そのミットもなさに自分が嫌になり、野球団を辞めて、部屋にこもり爪を噛みしめ、ミットもない状況なのに、勉強机の下にはミットがあるのだ。

　一体、ミットはあるのか、ないのか？

　そうだ。この「おわりに」を書き終えたら上野のムラサキスポーツでミットを買おう。ミットもない自分に備えて、ミットを買おう。書を捨てよ。街へ出よう。フライを捕ろう。ノーバンで。爪を噛んでる場合じゃない。

　私が何が言いたいのかわからない人もいるかもしれない。ただひとつ言えるのは、喫茶店の店主がテーブルに椅子を上げて掃除を始めて、背中で「帰れ」とアピールしてるということ。もうすぐ浅草演芸ホールの出番だ。急がなきゃ。

最後にこの週刊朝日の連載をまとめてくれた今までの編集担当小倉氏、西岡氏と現担当工藤氏に御礼を申し上げたい。こういう単行本では「あとがき」でよくこんなくだりがある。私もちょっと真似してみただけだが、御礼の気持ちは変わらない。ありがとうございました。どうでしょう？　私が言うのもなんですが、編集者として「冥利につきる」んじゃないですか。違いますか？　そうですか。ありゃりゃ。

ついでに読者の皆さん。じゃ約束通り、今読み終わったこの本を廃棄してもらって、同じ本を新たに買い求めてもらっていいですか？

あぁ、もう私には噛む爪がない……。早く寄席に行かなきゃ。お客さんが私を待っている。ハーブティーはもう水のように冷たい。

二〇一七年　初冬

春風亭一之輔

文庫版あとがき

私にとって初めての単行本の文庫化だ。安くて、ちっちゃくなって、広くお買い求め易くなったはず。買え、若人よ。いや、年寄りも。もう読んでるってことは買ったのか。古本かもしれないけども、なんでもいいや。読んでくれるなら、ありがとう。

高一も終わろうとする春だったか。運動部の練習に嫌気がさしていた私は「この若い時期に本ぐらい読まねば！」と思い立ち、近所の古本屋でとりあえず日本の小説家の文庫本を買い漁り、片っ端から読んでいった。一冊50円とかのワゴンセールで森鷗外、夏目漱石から始まり、なぜか新井素子あたりまで。日に焼けた古文庫本の頁をパラパラすると、焼き立てのパンの匂いがした。新潮文庫の三島由紀夫はカバーの背が温かな橙色で特に美味しそうなのだ。『豊饒の海』なんて内容はサッパリ分からなかったけど。頭に来るぐらい、理解不能。「こんな分かりにくい話書いて、三島由紀夫って実は才能無いんじゃないか⁉」と憤っていた。でもさ、『豊饒』のふっくらもっちり感たるや。電車の中でお腹が減ったら、読んでるフリして古文庫本をひと嗅ぎすれば一時の空腹が満たされた。また『豊饒の海』は冷たい牛乳によく合うんだな。この文庫本も古本屋経由して腹ペコな若者の胃袋を満たす存在になれば嬉しいかぎりだ。

「文庫には『解説文』が要るんです」と文庫の担当者。「お願いする候補者をリストアップしてみました」と紙を渡された。錚々《そうそう》たる著名な方々。私が以前に仕事でご一緒して「憧れている」とか「影響を受けた」と語ったことのある方や、ご本人が落語好きを公言している方などなど……。「うーん……みなさん、引き受けてくれますかね？」「とりあえずこれからお願いしますので、どなたがよいですか？」ここに載ってる人たちはオレになんか、まず興味なかろうよ。私は基本、卑屈。仕事とはいえ、忙しい方たちの時間を頂戴して、拙文に目を通してもらうのも忍びない。読まずに歯の浮くようなことを書かれるのは少しひっかかるし、最初から断られるのもかなり切ない。そうかといって、熟読され痛いところを突かれてもモヤモヤする。いや、それほどのもんじゃなし。じゃあ、どうしろってんだ。めんどくさいな、オレ。

「うちの家族に書いてもらうのは、どうでしょう？」と聞いてみた。半分洒落、半分本気。「……ご家族のどなたに？」「長男かなぁ……」。本書に掲載されている週刊朝日の連載が始まったのは今から8年前。当時、私は36歳。真打ちに昇進して2年。まだ弟子もいなかった。8歳、5歳、3歳の長男、次男、長女も8つ歳をとった。長男は現在高校一年生。生意気。どうやらソコソコ勉強は出来て、読書好き、書くことも嫌いではないようだ。でも、親が小言をいうと薄目でこちらをねめまわし、鼻先でせせら笑う癖がある。嫌な癖だな。私に似ている。まぁ、さほど私に興味は無さそうだが、父親として間近で見てるし、当人は嫌がるかもしれないが、聞くだけ聞いてみようか……。「面白いですね！　ぜひ！」と担当さん。その反応もどうかと思うが。

帰宅し、事情を話すと「べつにいいよ。テストもないし。何文字？　いつまでに書けばいいの？　その原稿を読んでなんか書けばいいのね？　はいはい」……なんだ、この安請け合いは。怖い。過去に誰かの解説文を書いた経験あるの？　私の原稿を読み終えるとそそくさとパソコンに向かい、パチパチ……。一体、なにを書かれるのだ……。ということで、このあとの巻末に我が子の『解説文』が載っている。良かったらご一読を。16歳。恐らく、朝日文庫の史上最年少の解説文執筆者だと思う。

ところで、此奴《こいつ》は『豊饒の海』はもう読んだのだろうか。「あー、読んだけど、なにか？」とか、軽く返してきそうだから、怖くてまだ聞けずにいる。もし読んでなかったら「『豊饒の海』、カフェオレにも合うかもよ！」ぐらいかましてやろう。

長男への原稿料はとりあえず、大人になるまで私が預かっておくことにする。

二〇二二年二月　北陸新幹線の車内にて
朝メシに牛乳でロールパンを流し込みながら

春風亭一之輔

解説

川上祥太郎

「マクラ」というのは、落語家が噺に入る前、導入としてちょこちょこっと（人によってはがっつり）喋るフリートークみたいなものだ。……誰が説明しても同じ文章になるが。自分の身近に起きた話、後輩の話や家族の話、学生時代の思い出話などを面白おかしく語る、というのが主流である。

自分の身近に起きた話といっても、もちろん全てが現実に起こったことというわけではない。噺家はストーリーをより面白くするため、ところどころに脚色を散りばめる。『いちのすけのまくら』にも、様々な脚色が施されている。家族が出てくる話を読んでみて「そんなことしてねえ（言ってねえ）！」と思わず声を出してしまうものもあった。

『熱狂』という話。帰宅すると長男（僕）がAKB総選挙を食い入るように見ている。dボタンからアイドル達のコメントにガンガン投票し、指原莉乃の優勝に歓声を上げる長男（僕）。一之輔はそんな息子の様子を冷めた目で見ている。

なんなんだ。人をAKBオタクみたいに描写しおって。そんなことしてねえわ！　紅白見るくらいのぼんやりしたテンションだったわ！　……なんて反論するのはあまりにも無粋だからやめておくが。隙あらば脚色してくる。

一之輔の脚色は面白い。『茶番』などは明らかに脚色が入っていると思うのだが、老翁の音楽の先生の像が可笑《おか》しくて真顔で読むことができない。また、許されるであろうラインを攻めるのも上手い。『お年玉』の先代柳朝師匠のおかみさんの話などは「大丈夫なのか？」と若干不安を感じたけれど。

そもそも春風亭一之輔という人間が脚色されている、と思うことがある。

本書を読んで、みなさんは春風亭一之輔にどんな印象を抱いただろうか。

僕の予想では、みなさんこう思っているのではないか。「傲然《ごうぜん》としている」「でもところどころ繊細」「適当で浅はか」「でも憎めない」「ひねくれもの」「茶目っ気がある」「陽気な人」等々……。

何か違うなあと感じる。もちろん一之輔本人には自分の印象を操作しているという感覚はまるでないだろう。『いちのすけのまくら』の中の一之輔は、あれはあれで当人の素なのだと思う。しかし僕の視点からすると、『いちのすけのまくら』の一之輔は家庭での一之輔とまるで様子が違う。

営業妨害を覚悟して、家庭での一之輔の姿をお伝えしておこう。

そもそも一之輔は、「陽気な人」ではない。実施したわけではないが、川上家のメンバーに「この中で誰が一番陽気な人だと思うか」などというアンケートを取れば、一之輔はおそらく下から二番目くらいだろう（ちなみに五人家族）。一番になるのは間違いなく母の方だ。

一之輔は自分のことを喋らない。彼の口から仕事の話を聞いたことがない。おかげで子供たちは「父親から仕事の愚痴を聞かされる苦難」からは逃れられているが、父との心の距離は少し離れている。また雑談もあまり得意ではない。たまに二人で食事に行くのだが、交わされる会話は「部活はどう？」と「テストはどう？」くらいしかない。あとは黙って蕎麦《そば》なりラーメンなりを啜《すす》る。「話すこと」を仕事にする父親とその息子とは思えないほど静かな空気である。

ひねくれもの、というのも脚色されている気がする。仕事の流儀が映されるテレビ番組に出演した時、カメラに向かって毒を吐く様子が散見されたが、「単に迷走してるだけ」のようにしか思えない。何か言わなければ、と緊張もしているし、でもさらっとかっこいいこと言うのもキャラが違うし、と葛藤した結果あんな風になってしまったのだろう。息子からするとちょっと恥ずかしい。

一之輔は割と実直な人間である。間違いがあればすぐに謝るし、子供が失敗を隠したり不正を働いたりすると本気で怒る。ひねくれ具合に関して言えば、僕の方が一之輔より上だ（僕は謝れないことで定評がある）。

もちろん一之輔の性格がそのまま表されているものもある。「ところどころ繊細」というのは本当だ。無類の片付け魔であり、リビングが散らかっていると、酒に酔っていてもぼやきながら体を動かす（その割には自分の部屋は片付けないのだが）。またメンタル面でも繊細なところがある。少し前、僕が育てていたベビーリーフに黒い芋虫がついていたことがあった。調べてみると、害虫となるハチの幼体だということが分かった。僕と母は駆除を検討したのだが（なぜなら害虫だから）、一之輔はただ一人、芋虫の無罪放免を主張していた。『プライド』のクモと一夜を明かした話などは、「一之輔ならやりかねない」と思ってしまう。

巧妙に、そしておそらく無自覚に自らに尾ひれをつけている一之輔だが、自分を偽っている、という風には感じられない。むしろ家にいるときより表に出ているときの方が生き生きと、自分らしく振る舞っている。家族とまじめに話をするよりも、高座で他の芸人の悪口を言っているときの方が楽しそうだ。

自分という存在は残したまま、あれこれ手を加えて形を変え、人々を確実に楽しませ、自分も楽しむ。一之輔の脚色の手腕には感服させられる。

ちなみに『枕』という僕が出てくる話があるんですが、あれは脚色じゃありません。

（かわかみ しょうたろう／一之輔 長男）

初出　『週刊朝日』連載「ああ、それ私よく知ってます。」
（２０１４年５月９-16日合併号〜２０１７年６月30日号）

いちのすけのまくら　朝日文庫

2022年4月30日　第1刷発行
2024年7月30日　第3刷発行

著　者　春風亭一之輔《しゅんぷうていいちのすけ》

発行者　宇都宮健太朗
発行所　朝日新聞出版
〒104-8011　東京都中央区築地5-3-2
電話　03-5541-8832（編集）
03-5540-7793（販売）

印刷製本　大日本印刷株式会社

Published in Japan by Asahi Shimbun Publications Inc.

ISBN978-4-02-265037-5

井上　荒野
あちらにいる鬼
小説家の父、美しい母、そして瀬戸内寂聴をモデルに、逃れようもなく交じりあう三人の〈特別な関係〉を描き切った問題作。《解説・川上弘美》

今村　夏子
星の子
《野間文芸新人賞受賞作》
病弱だったちひろを救いたい一心で、両親は「あやしい宗教」にのめり込み、少しずつ家族のかたちを歪めていく……。《巻末対談・小川洋子》

開高　健
ベトナム戦記　新装版
ベトナム戦争とは何か。戦火の国をカメラマン秋元啓一と取材した一〇〇日間の記録。濃密な言葉で綴る不朽のルポルタージュ。《解説・日野啓三》

津村　記久子
ディス・イズ・ザ・デイ
サッカー本大賞受賞作
全国各地のサッカーファン二二人の人生を、二部リーグ最終節の一日を通して温かく繊細に描く。各紙誌大絶賛の連作小説。《解説・星野智幸》

村田　沙耶香
となりの脳世界
デビューから今までの日常と想像のあれこれを書き綴ったエッセイ集の決定版。一五本を追加収録。読み終えると世界が広がる。《解説・矢部太郎》

ヤマザキ　マリ
ヤマザキマリのリスボン日記
テルマエは一日にして成らず
イタリア人姑との戦い、日本の風呂への渇望……。『テルマエ・ロマエ』を生むに至ったリスボンでの日々を綴る爆笑日記！《解説・本上まなみ》